古文明未解之谜

本书编写组◎编

GUWENMING WEIJIE ZHIMI

世界图书出版公司
广州·北京·上海·西安

图书在版编目（CIP）数据

古文明未解之谜 /《古文明未解之谜》编写组编 . — 广州：广东世界图书出版公司，2010. 4（2024.2 重印）

ISBN 978 - 7 - 5100 - 1970 - 8

Ⅰ. ①古… Ⅱ. ①古… Ⅲ. ①世界史：古代史：文化史 - 青少年读物 Ⅳ. ①K10 - 49

中国版本图书馆 CIP 数据核字（2010）第 050010 号

书　　名	古文明未解之谜 GUWENMING WEIJIE ZHIMI
编　　者	《古文明未解之谜》编写组
责任编辑	黎　维
装帧设计	三棵树设计工作组
出版发行	世界图书出版有限公司　世界图书出版广东有限公司
地　　址	广州市海珠区新港西路大江冲 25 号
邮　　编	510300
电　　话	020-84452179
网　　址	http://www.gdst.com.cn
邮　　箱	wpc_gdst@163.com
经　　销	新华书店
印　　刷	唐山富达印务有限公司
开　　本	787mm × 1092mm　1/16
印　　张	10
字　　数	120 千字
版　　次	2010 年 4 月第 1 版　2024 年 2 月第 10 次印刷
国际书号	ISBN　978-7-5100-1970-8
定　　价	48.00 元

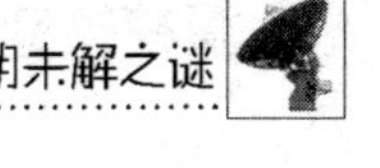

前　言

QINA YAN

人类从诞生的那一刻起，就开始了对自身的探索。“我们从哪里来？我们将向何处去？”人类的祖先们一定千万次地向长空发出过这样的疑问。他们找到答案了吗？由于时代久远，而且有文字记载的历史也只有数千年，所以我们无法知道人类的祖先们是否找到了这个问题的终极答案。

那么，今天的人们找到这个问题的答案了吗？恐怕这个问题还无法作肯定或否定的回答，因为今天的人们甚至还无法确定自己是否找到了答案。换句话说，这还是一个未解之谜！

为什么这么说呢？我们来看下人类的历史！从数千年的已知历史中，我们可以看到，从刀耕火种到文字的产生，从火把照明到电的发明，从半导体的使用到电脑的普及，这些都是从低级逐步渐进向高级发展起来的。根据这些经验，我们甚至可以自豪地坦言，更加文明先进的未来正等着人类去开拓。

但是，如果人类文明真的是从低级向高级发展而来的，那么世界各地不断发现的古文明遗迹现象又将做何解释：难解的复活节岛巨像之谜，神秘的高原文化，一夜消失的印加帝国，从天而降的玛雅文明，金字塔的建造之谜，以及查阅现代文明的古遗迹。这难道说是古人在创造了与今天同水平的文明社会之后，又抛弃了已知掌握的文明去茹毛饮血了吗？

对此，越来越多的学者推测，地球在远古时期就掌握了我们现代人的文明手段，人类文明是在不断反复重现演化的，而在历史进程中因气候等突发因素使人类的文明遭受了毁灭的打击，才又重新开始了文明的重建与再现。也有不少学者人为，远古时期的文明遗迹是地外文明的介入而产生的。UFO的存在可能让人们相信地球外智能已经超过了地球文明的程度，他们有能力在地球上留下巨石阵等不可思议的建筑群。

但是文明循环论和外星文明介入说都无法证明自身是正确的或其他说法是错误的。这也就是说，这些学说和地球上的史前文明遗迹一样，都还是未解之谜！

那么人类是否能够解开这些“未解之谜”呢？也许明天这些“未解之谜”就可以解开了，也许永远都不可以！但是无论结果如何，我们都应该不停地追求下去，探索下去……

目　录

CONTENTS

亚洲大陆的古文明

非洲的古文明奇迹

欧洲大陆上的谜题

美洲大陆上的传奇

来自海洋的文明传说

无法解释的史前科技

亚洲大陆的古文明

YA ZHOU DA LU DE GU WEN MING

“华夏第一都”在何处

建立中国第一个国家政权的启

人类从原始氏族社会开始，随着生产能力的提高，社会不断进步，尧、舜、禹三代之后，禹的儿子启废除统治权禅让的传统，成立了父子相承的国家——夏。夏也便成为中国历史上第一个国家政权。我们今天对于夏朝的了解相当贫乏，只有少数文献中有一些零星的记载。如果能找到夏朝的国都遗址，我们就不会对夏代如此迷茫，但作为华夏第一都的夏都到底在哪里，却是长期以来困扰历史学家的难题。

一种观点认为夏都位于山西省运城市的夏县。据称，夏县因中国奴隶社会第一个王朝夏朝在此建都而得名，号称“华夏第一都”。其历史悠久，为中华民族的发祥地之一，相传是嫘祖养蚕、大禹建都的地方，素有“禹都”之称。不过至今还没有在夏县找到有说服力的文化遗址。

另一种观点则认为夏都应该在今

许昌西部的禹州。据说禹州市是中华民族发祥地之一，大禹因治水有功曾在此受封“夏伯”。禹的儿子启继位后，于钧台大宴天下诸侯，建立了中国历史上第一个奴隶制国家——夏朝，禹州亦被称为“华夏第一都”。那么夏都是在禹州吗？目前仍不得而知。

1959 年夏，中国科学院考古研究所组织了一支考古队，开始了探寻夏都的田野考察。从传说中夏人活动的中心地区一豫西开始，在拨开重重迷雾后，考古队将目光锁定在河南偃师二里头，集中对其进行考古发掘。以此为标志，中国考古学界开始进入了有目的、有计划地探索夏文化的时期。

20 世纪 60 年代末，考古学者在河南省偃师县二里头村发现了一些古文化遗址，这里出土的陶器十分特殊，介于龙山文化与商代之间，引起了学术界的极大兴趣。二里头村，位于偃师县西南 9 千米的洛河南岸。古文化遗址包括二里头、圪当头、四角楼、寨后和辛庄 5 个村，面积 375 万平方米。1957 年发现后，1959 年开始进行发掘和研究工作，先后发掘面积达 1 万平方米。文化遗物的特征介于龙山文化晚期和商文化早期之间，尚属首次重要发现，命名为“二里头文化”。这处遗址的最下层被确认为夏文化，出土有铜刀，为中国发现最早的青铜器。其上层为商代文化，发现有大型宫殿基址，面积达 1 万平方米。遗址中出土大批工艺精良的铜器与玉器，应为夏商时期的都邑遗物，在考古学上占有极重要的地位，对了解和研究夏商文化的历史有极大意义。

经过几十年的研究，可以确认二里头遗址是一座早期王城，但这座都城是属于商代还是夏代却还不能断定。

2003 年，考古人员又在已发现的中国最早都城遗址“二里头遗址”中找到了两座大型宫殿建筑。其中一座，呈缺了一个角的长方形，东西长为 110 米左右、南北宽 100 米，东北部折进一角。整个庭院范围都是建造在高于地面半米的夯筑平台上。庭院四周为走廊，除西廊外有墙、内有走廊，其余几面中间都是墙，内外皆有走廊，说明在庭院北、东、南三面可能还会有相邻的庭院。这座宫殿的样式，后代有许多建筑都沿用。新的宫殿建筑群的发现又吸引了人们的目光，这座建筑群无论从其规模，还是样式都是皇宫大院的建筑。

这两座宫殿遗址的特殊处和意义，不完全在于认定它们是王宫，更重要的是它们被发现的位置。早先考查认为二里头遗址所处的社会时期，很大可能是处于夏商两代分界的时期，其上层是商文化遗留，其下层为夏文化遗留。而这两座宫殿初步考定是处于夏文化层，那岂不是说，我们可以确定这是夏代的都城了吗？有位考古专家激动地说，“这意味着人们几乎可以从中触摸到中国第一个王朝的脉动了。”

然而事实上，二里头遗址是不是夏都并未得到公认。首先就此遗址本身的时期争论仍在继续，有人说属于夏文化晚期，有人说属于商文化早期，更为普遍的说法是“介于夏商之间”。二里头遗址本身还存在着许多未解之谜，作为都城的二里头，它的内涵布局及其演变过程、它的文化面貌及其社会生活与组织结构、它的族属国别以及人地关系等诸多课题，目前还只是粗线条的把握。

那么，“华夏第一都”到底在哪里呢？这还有待于考古学者的发掘和研究工作来证实。

三星堆未解之谜

三星堆遗址位于中国四川省广汉市南兴镇北，这里有一条古河道叫“马牧河”，河道北岸的地形像月牙，人们便给它起了个美丽的名字——“月亮湾”。河道两岸，有三座突兀在成都平原上的黄土堆，三星堆因此而得名。

1929年春，当地农民燕道诚在住宅旁挖水沟时发现一坑精美的玉器，由此拉开三星堆文明的研究序幕。1986年，三星堆两个商代大型祭祀坑的发现，上千件稀世之宝的赫然显世，轰动了世界，被誉为世界“第九大奇迹”。近年来，考古人员对三星堆遗址500平方米范围内的20个探方实施发掘。但随着大量文物的出土，三星堆文化的谜团也越来越多地呈现在世人面前。其中最让人迷惑的是三星堆文明起源何方？

三星堆的发现将古蜀国的历史推至5 000年前。三星堆文化来自何方？这里数量庞大的青铜人像、动物不属于中原青铜器的任何一类。青铜器上没有留下一个文字，简直让人不可思议。出土的“三星堆人”高鼻深目、颧面突出、阔嘴大耳，耳朵上还有穿孔，不像中国人，倒像是“老外”。四川省文物考古所三星堆工作站站长陈德安接受记者采访时认为，三星堆人有可能来自其他大陆，三星堆文明可能是“杂交文明”。但究竟来自何方，未可尽知。

三星堆出土的大量青铜器中，基本上没有生活用品，绝大多数是祭祀用品。这表明古蜀国的原始宗教体系已比较完整。这些祭祀用品带有不同地域的文化特点，特别是青铜雕像、金杖等，与世界上著名的玛雅文化、古埃及文化非常接近。三星堆博物馆副馆长张继忠认为，大量带有不同地域特征的祭祀用品表明，三星堆曾是世界朝圣中心。

在坑中出土了5 000多枚海贝，经鉴定来自印度洋。有人说这些海贝用做交易，有的人则说这是朝圣者带来的祭祀品。还有 60 多根象牙则引起了学者们“土著象牙”与“外来象牙”的争议。

“不与秦塞通人烟”的古蜀国，居然已经有了“海外投资”，不可思议。

在祭祀坑中发现了一件价值连城的瑰宝——世界上最早的金杖。其权杖之说早已被学术界认同，但所刻的鱼、箭头等图案却引起了一场争论。

古代中国并非“无权杖之说”。古方在《天地之灵》一书中指出，在江浙一带的史前良渚文化的大墓中，有权杖玉质附件出土，包括玉戚、玉墩等。以“秘”相连，即成一件长 68 厘米，有柄首饰和柄尾的完整玉器。这至少说明，中国之权杖，不一定是受西亚文化的影响。同时，墓葬中出土的玉杖，与祭祀坑出土的金杖，似乎也有区别。因为，前者是万国的国君，后者是一国的君王，认为它是王杖，恐怕更为确切。应该看到，中国人用杖，由来已久。良渚人以玉为权杖，三星堆人就能以金为权杖。

杖，既是一种生活用具，也是一种装饰品。《山海经·海外北经》就有“夸父追日，弃其杖，化为邓林”之说。《山海经·海内经》说都广之野“灵寿实华”，这灵寿木就是做杖的好材料。《汉书·孔光传》：“赐太师灵寿杖。”蜀山氏来自山区，用杖助力，更是一种必要的器具。至今，四川剑门藤杖仍驰名中外。中国历代王朝，都有赐杖与老臣的惯例。《礼记·曲礼》：“大夫七十而致事。若不得谢，则必赐之几杖。”“谋与长者，必操几杖以从之。”而不同身份的人，手杖的装饰和长度都各不相同。戏曲中，皇家使用的“龙头拐杖”，虽是道具，但长度就和金杖差不多。至于包金拐杖、包银拐杖、木杖、藤杖、竹杖……品种甚为复杂。而杖首杖身装饰各种花纹、各种造型，更是珍贵手杖所必须。否则，怎么表示自己的身份？既然可以表示身份，当然可以代表权力。如果“权杖”不是三星堆惟一的现象，外来之说，就更值得商榷了。

其实，“权杖”最早也不是出现于西亚。在旧石器晚期马格德林人的洞穴艺术中，就有用骨头或象牙雕刻的“权杖”。若说蜀人金杖是西亚金杖的“采借”，不仅无古文献可考，

而且蜀土无西亚古文物佐证。再以实物比较，三星堆的金杖，既不同于西亚古代国王须臾不离的短金杖，也不同于埃及法老所执的那种细长齐肩却无杖首的权杖。

夏代开国，“禹铸九鼎”，从此，鼎成为权力转移的同义语。古蜀人为什么不用鼎而用“权杖”，这确实是个很大的疑问，应该深入地进行研究。中国现代著名历史学家徐中舒先生在《古史传说与家族公有制的建立》中说：“经过长期发展，夏人分为两支，一支姜姓民族，这是周朝母系的祖先。一支羌族，后来变成了居于四川、青海、甘肃一带的少数民族。”羌族与氐族（戈基人）融合，其一支发展成蜀山氏，已知使用铜刀。则在蚕丛氏阶段，又经柏灌、鱼凫，至杜宇一系从昭通返回，带回更为成熟的冶炼和铸造技术，在与土著濮彝等族的融合过程中，建立了真正的蜀国。因此，用金杖象征这种新的权力。

出土自三星堆一号祭器坑的这支金杖。它全长 1.42 米，直径为 2.3 厘米，用捶打好的金箔包卷在一根木杆上，净重约 500 克。木杆早已碳化，只剩完整的金箔。金杖的一端，刻有图案，共分 3 组。靠近端头的是两个前后对称、头戴五齿高冠、耳垂三角形耳坠、面带微笑的人头像。另两种图案相同，上方是两支两头相对的鸟，下方是两条两背相对的鱼。它们的颈部，都叠压着一根似箭翎的图案。有人认为，这支金杖的图案，有鱼有鸟，当印证是鱼凫王所执掌。但是，持反对意见者认为，鱼鸟象征吉祥，箭翎则表示威武，这正是金杖作为权力象征的应有之义。而现在，尚无任何实物能证明鱼凫氏的族徽是由鱼和鸟组成。金杖上的图案，第一组当然是王者之像，而第二、第三组从顺序看，是先鸟而后鱼，也难解读成鱼凫。所以，断定为鱼凫氏所用，理由还欠充分。

源于古氐、羌族的纳西族先民，就有使用“灵杖”的风俗。从先期的“卜杜”（相当于巫、祝或巫、史）到其后的东巴（相当于士或祝官）在祭祀活动中，都要用灵杖，而这种法器，只有大东巴才能使用。《东巴文化艺术》一书，印有五种灵杖头的照片，杖头分节刻有神像、佛像、神兽、花卉及图形符号等。东巴文化在长期的发展过程中，吸收了佛教、道教文化，但就其本源来说，仍是古老的巫文化为其主体。灵杖既然长期存在于纳西族人民的生活中，而纳西人又是氐、羌民族的一支。那么，在神权和王权合一的上古时代，金杖是古蜀人所固有的法器，似乎可以算作又一旁证。还有，西藏古格王朝，也有

“权杖”的记载。

用杖象征权力，良渚文化和吐蕃文化中都有此先例。用杖象征神威，东巴文化今仍如此。金杖出现在三星堆，有其历史渊源。

但是关于上古时代何时开始使用黄金制品，尚无明确记载。《山海经》中已有黄金、赤金的区别，说明夏代已懂得金的属性。《中国大百科全书·考古卷》说，金银器皿出现较晚，汉以前少见，到唐代才开始有较多发现。但事实上，三星堆的金器就不少，除金杖外，还有金面罩、金虎饰、金璋形饰、金竹叶、四叉形器等等。它的特点是全用金箔，说明对金的延伸性已经有很深的了解。大约在春秋时代，已经有用金铸造的器皿，而金箔的使用，应该说比铸造更为先进。所以，研究三星堆的金器，还有很重要的历史价值。

古滇国消失之谜

2000多年前，在中国美丽的滇池沿岸曾有过一个古老的王国，这就是有着灿烂文化的古滇国。20 世纪末，考古工作者在江川李家山、晋宁石寨山及昆明羊甫头等地区进行考古发掘，出土的数千件精美的青铜器和滇王印，让世人更加关注曾经极度辉煌的古滇国。人们不禁要问：古滇国的王城或都城究竟在哪里呢？有着高度灿烂文化的古滇国又为何突然消失呢？

据考古资料证实，战国末至西汉初为古滇国的全盛时期，大约是在西汉中期古滇国开始衰落，由于国力的不断衰落，西汉末至东汉初被中原王朝的郡县制所取代，古滇国走到了它生命的终点。它在地球上存在了大约500 多年。中国历史上有关滇国的最早记载是司马迁的《史记·西南夷列传》，“西南夷君长以什数，夜郎最大；其西莫英之属以什数，滇最大；自滇以北君长以什数，邛都最大。此皆椎髻、耕田、有邑聚。其外西自同师以东，北至楡，名昆明，皆编发，随畜迁徙，毋长处，毋君长，地方可数千里。”在司马迁生活的西汉时期，云南以滇池区域为中心是古滇国人们的聚居区，滇国的东面是夜郎国，北面是邛都国，西面以洱海区域为中心即昆明国。其中滇和昆明在历史上有着重要的地位，他们是云南古代的主要部落，都有着悠久的历史和灿烂的文化。

西汉时期，滇池地区的主要居民是滇、劳浸、靡莫等“同姓相扶”的各部落组成的联盟，称为“靡莫之属”，其中以滇为最大。司马迁在《史记·西南夷列传》中有过重要的记载，在公元前 339—前 329 年间，楚国欲将

势力范围扩展到西南，派楚将庄入滇。不久，秦国灭巴蜀，庄失去了与楚国本土的联系，于是，“以其众王滇，变服从其俗以长之。”这便是历史上著名的“庄入滇”，庄也是史料中明确记载的一代滇王。但在他之前是否已有滇王存在，就无从得知了。

公元前1世纪左右，古滇国走到了它生命的终点。汉武帝时期，曾派使者前往滇国，当时一位称雄滇池的滇王，好奇地问汉朝的使者：汉朝与我谁更大？由于地处边疆，地势险峻，没有道路与外界相通，他们消息闭塞，如同井底之蛙。在他的眼里，世界不会比滇国的地域大多少。就在这段对话之后不久，这位无知的滇王连同他的国家，便在历史上销声匿迹了。西汉元封二年（公元前109年），汉武帝出兵攻打滇国，滇王无力抵抗，举国投降，并请求汉武帝派官吏入滇国。汉武帝赐给了滇王王印，让他继续治理他的子民。这枚纯金铸就的滇王印，2000多年后出土于石寨山。此后，汉武帝在云南设置了益州郡，滇王的权力被郡守取代了。从此隶属于汉王朝的郡县制度，古滇国正式宣布退出历史舞台。

那么古滇国的王城或都城究竟在哪里呢？有着高度灿烂文化的古滇国又为何突然消逝呢？对这个千古之谜，人们在做着各种假设和猜想。

考古工作者经过多年的考察研究认为：“可以肯定地说，澄江、江川、呈贡、晋宁、昆明这一片相邻和相连的广袤区域，是古滇国政治经济文化的中心地带；也可以说澄江在古滇国历史上一定扮演过不可或缺的重要角色。”他们推测澄江在历史上并非“蛮荒之地”，而是有着很发达的经济和辉煌灿烂文化的地区。还有学者推测，5 000余件古滇青铜器物是在抚仙湖南岸江川县李家山墓葬出土的，而滇王印出土于与抚仙湖北岸相连的晋宁石寨山，按照一般的考古规律推测，古滇国的王城或都城应该就在附近。

还有一些学者从李家山出土的大量青铜器的造型、图案及近水居的干栏式建筑看，认为李家山青铜文物所反映的生活环境应有山可猎，有地可耕，有湖可渔，又近水而居。这样的生存环境与澄江的地理生存环境极其吻合。所以，澄江应该是古滇王国都城的所在地。那么古滇国又是如何突然消失的呢？有的学者认为地理环境灾变是导致古滇国消失的重要原因。然而，这一切只是人们的推测和猜想，仅仅是一种有根据的假设，并不能说服所有人。

解不开的古格谜团

在西藏阿里地区象泉河畔海拔约

3700 米的高原上有一座被赋予“阿里江南”之美誉的县城——扎达县。距县城 18 千米的扎布让区，一座高约 300 米，方圆 1 千米，四面陡峭的山冈上，屹立着一片建筑群。远远望去，高耸入云，气势不凡，这片建筑群就是著名的古格王国遗址。如今的古格受到世人注目，其优美的风景、绚烂的壁画及诸多未解之谜，每天都吸引着众多慕名而来的游客。然而就在十几年前，这个璀璨的国度还未被人所知，独自孤立于历史的寂寞中。传说中的古格王国是个黄金遍地、富足奢华、拥有十余万之众的繁盛王国。其历史的影迹离我们并不久远，17 世纪中叶，古格王国突然湮没。为何如此强盛的王国一夜间就消失得无影无踪？十几万人口及他们的后裔都到哪里去了？古格王国究竟是一个怎样的国度呢？

吐蕃王朝末代统治者朗达玛时期国力大衰，又实行灭佛政策，关闭佛寺，削弱教会势力，使得风雨飘摇中的政权更加动荡。公元 843 年朗达玛被一位僧人刺杀，内战纷起。4 年后平民起义，吐蕃王朝崩溃，时间为公元 9 世纪。之后曾出现大小 7 个王国，西藏长期处于藩王割据局面。

朗达玛的两个儿子奥松与云丹也为争夺王位相互争斗，奥松之子贝考赞为奴隶起义军所杀，贝考赞的儿子基德尼玛衮见大势已去，回天无力，便带着三个大臣和 100 多人，投奔阿里，并娶了当地头人的女儿，后继任为当地的首领。后来基德尼玛衮将阿里一分为三，分封给他的 3 个儿子，古格王国即第三子德祖衮的封地。17 世纪中叶，古格王国发生内乱，国王之弟请拉达克军队攻打王宫，王朝被推翻。古格王国覆亡后，并入叶拉达克（今克什米尔）一段时间，后被达赖喇嘛和西藏地方政府重新收回。

这段历史头尾非常清楚，也为多数人所认可。不过，几百年间的古格王国的状况却十分神秘。有人说，基于史书记载及现在从遗址中可探寻到的深厚佛教文化，可得知古格王朝是个有着十多万人口（史书记载古格曾以十几万人共抗入侵者），实力强大，雄踞一方的王国。王国的建立大概从 9 世纪开始，到 17 世纪结束，前后世袭了 16 个国王。其统治范围最盛时遍及阿里全境。它不仅是吐蕃世系的延续，而且使佛教在吐蕃瓦解后重新找到立足点，并由此逐渐达到全盛，在西藏历史上具有重要意义。

另一种说法是，古格王朝并没有如此强大与重要，它仅仅是一个人口万人左右的小小城邦。首先，如果古格如此强大，拥有十几万人，又有成熟、灿烂的文化，那么，这样的王国是如何在一夜之间突然、彻底消失的？在其后的几个世纪，人类几乎不知其存在，也没有人类活动去破坏它的建筑和街道，修正它的文字和宗教，篡改它的壁画和艺术风格，它甚至保留着遭到毁灭的现场。其次，从现今的遗址来说，有房屋遗迹445间，窑洞879孔，各类佛塔28座，这些建筑是不可能容纳太多人的。最后，古格城周边的自然环境现在基本沙漠化。即使在几百年、上千年前，这小片土地，以当时的生产水平是不可能养活这么多人的。因此，估计古格是一个万人上下的城邦，最后被战争一举毁灭。

最早对这座古城遗址进行考察的是英国人麦克活斯·扬。1912年，他从印度沿象泉河溯水而上，来到这里进行考察。此后便有探险家、旅行者、摄影家和艺术家们源源不断地来探奇访幽。但真正的科学考察是从1985年西藏自治区文管会组织的考察队开始的，这次考察对整个遗址进行了全面的探索。古格王朝整座城堡建筑在黄土坡上，地势险峻，王宫、庙宇、碉楼、佛塔、洞穴有序布局，自上而下，依山叠砌，直逼长空，气势恢宏壮观。这些洞穴多为居室，密密麻麻遍布山坡。最上层是王宫，中间是寺庙群，底下是普通居民房屋及奴隶的居住地，体现了王权的至高和宗教权势。城堡的建筑还充分考虑到了防卫功能，外面路陡山险，又处处加设岗哨。城内山体修筑了许多暗道，暗道中某些类似窗户的洞，既为了采光又可以用来防御。这些暗道迂回曲折，拾阶而上可直达山顶王宫。内外结合，这座古堡可谓固若金汤。

山顶的建筑主要由三大部分组成：以议事厅和国王寝宫为中心的王宫区，以佛殿为中心的一处皇家寺院，储藏着大量盾牌、箭杆、火药筒，是一个军用仓库。在王宫周围，考古学家们还发掘出了十多个洞窟，里面藏有许多武器、生产工具以及藏文典籍等。据专家们推测，这里很可能是国王的库房。

在古格王国遗址中最具争议而又悬而未决的是古格王国的“千尸洞”之谜。该洞位于古格王国遗址北面断崖内。洞口十分狭窄，仅能容一个人弯着腰进出。走进去以后，里边豁然开朗，分主室和南北两个侧室。令人毛骨悚然的是，不论是主室还是侧室都横七竖八堆满了人的遗骸，而且这些遗骸都没有头！更让人不可思议的是，没有头骨的洞中却发现了许多人的发辫和绑扎的发束！有一具蜷曲着的尸体保存得较为完整。尸体外面包裹着一件藏式无领粗布长袍，身子被一根毛绳紧绑着，两只手交叉着置于腹前，由其头发上的松耳石和小铜环等可以看出这是一具女性的尸骸。这些尸骸的头骨都到哪里去了，为什么只有头发而不见头骨呢？如此众多的无头尸骸是怎么一回事呢？有的人认为这些人是战争中的俘虏。古格王国是一个好战的王国，很有可能在战争胜利后杀一批俘虏以示庆贺。有人认为这是一种古格王国特有的宗教仪式。但这只是猜测而已，也没有可信的文献资料证实。

古格王朝究竟是一个怎样的国度，是强大的王国，还是偏处一隅的小城邦？最后那场战争到底是如何毁灭古格的？古格王国的这些无头尸骸是殉葬者吗？如果是，那他们为之殉葬的主人究竟是谁？在这个洞中却没有找到一具棺椁。如果他们并非殉葬者而是死者，那么那具被绳子捆着的女性作何解释？难道这也算他们的丧葬仪俗吗？由于文献资料的缺乏，这些谜团至今仍未解决。

新疆草原石人之谜

在新疆阿勒泰市郊外的旷野上，有一堆黑色巨石，有人说是陨石，也有人说是一种特殊的金属矿石，但引起考古学家注意的却是黑石头上雕刻着的草原石人。

草原石人是亚欧大草原上一种重要的文化遗迹，近 100 年来，中外学者进行了大量研究，他们认为石人可能是古代突厥人的遗存。突厥人尚武好战，死后为求灵魂不灭，便为自己雕刻一尊武士形象的石人。但更广泛的调查发现，某些石人和突厥石人之间有一些根本性的差异，那么它们又是什么人留下的呢？

阿米娜是一户牧民，她家住在阿尔泰山脚下一片辽阔的荒原上。但阿米娜全家人都不放牧，而是常年守护着山坡上一堆黑色的巨石。收取参观黑石头的门票成为阿米娜全家的经济来源，她告诉游客，这是一堆铁陨石，并为游客们准备上小铁锤，因为黑石头能敲击出悦耳的音符。不过相关专家的进一步分析认定，这可能是一种叫做闪长岩的含金属量很高的石头，是阿尔泰山的自然石。

对于一位在新疆从事了近四十年考古工作的专家王明哲来说，黑石头真正吸引住他的，是其中一块石头上刻画有人脸，因为正是这种石人，见证了亚欧大草原几千年来的风云变幻。离阿米娜家不远的公路边上，还有很多地方都埋着黑石头，而其中有的石头上也隐隐约约能辨别出简陋的人形。沿着阿尔泰山继续往北前行，在哈纳斯风景区一个叫阿贡盖提草原的地方，又有十几座石人矗立在旷野之中。

石人的存在很早就引起了人们的

注意。除了新疆的天山和阿尔泰山，向东与之相连的蒙古国、南西伯里亚草原，以及我国的内蒙古部分地区，向西穿越中亚腹地，一直到里海和黑海沿岸，都存在着石人，它们没有国界的区分，成为北方草原上一道独特的风景。

由于现在生活在石人地区的民族，比如说哈萨克族、维吾尔族、蒙古族等都没有立石人的习俗，因此石人的族属必须到古代民族中去寻找。在中国北方草原，曾先后生活过鬼方、塞种、匈奴、突厥、回鹘、蒙古等游牧民族，这些民族长期处在频繁的迁徙和战争之中。谁才会是这些草原石人的主人呢?

据说石人身后都有墓葬，因此，专家们首先想到了到墓穴中去寻找证据，但是现实中保存完好的石人和墓葬非常少，比如阿贡盖提草原上的石人，都是从不同的地方挪移过来的。即使找到了类似的遗迹，出于文物保护的需要，专家们一般只进行抢救性挖掘，就是只清理那些被盗和被破坏过的墓葬。由于游牧民族的葬俗本来就很简单，这种被破坏的墓穴里头，就更难找到直接的证据。一时间，鉴定石人身份遇到了很大困难。

在野外寻找考古证据的同时，专家们也把目光投入到历史资料当中。在《周书·突厥传》中记载，突厥人死后，要“于墓所立石建标”，专家们对这一句文字如获至宝，这说明古代突厥人有在墓地立石的风俗。同时在《隋书·突厥传》中也有一段记载，说突厥人尚武好战，死后要“图画死者形仪及其生时所经战阵之状”。这样联系起来是否可以推断为，墓地立石之上刻画的正是墓主人自己的光辉形象?20世纪中叶，在蒙古国挖掘了一系列立有石人的古墓葬，墓中出土的碑文上明确记载这是突厥贵族的墓葬。

在阿勒泰市文管所里，有几尊石像，被认为是比较典型的突厥石人，它们共同的特点是右手执杯，左手握剑，王明哲认为这种武士型石人正是突厥石人的代表，石人之所以握剑，很可能就是因为突厥人有尚武的风俗，而它另一只手中托着的一个杯子，则是一种权利的象征。王明哲认为刻画石人的意义，大概是认为它具有通灵的作用，即使人死之后，他的灵魂也会依附在石人身上，只要石人不倒，他的灵魂就不会消失。武士型石人很好地吻合了突厥人的一些生活习性。但所发现的石人远远不止这一种类型，比如在阿米娜家周围的黑石头人像，它们的选材十分特殊，雕刻的也根本不是武士，似乎来自更远古的时代。

20世纪60年代，考古学家已经注意到这个墓地，随着调查的深入，他们发现，荒原深处还有一大片古墓葬群，这一墓葬群根据地名被称做切木尔切克墓葬群。在一处典型的墓葬前可以看到，有五尊石人立于墓的东面，都是由黑色岩石雕成，有些地方因糊上泥水而发黄。石人的脸廓和眼睛都呈圆形，面颊上还刻有三角状饰纹，其中一尊还是一个女性石人。

专家们一共在此挖掘了 30 多座墓葬，在出土文物里，有一类陶罐引起了他们的注意。这种陶罐呈橄榄形，上面雕刻着水波样的弧线纹，经过比较，他们认为陶罐属于一种叫卡拉苏克文化的范畴。卡拉苏克文化在公元前 1000 年左右，而突厥人生活于隋唐时代，它们至少有上千年的差距，黑石头石人当然就不可能是突厥人的遗存。

那么在 3000 多年以前，是谁在黑石头上留下了自己的雕像呢？在中国早期古籍《庄子·逍遥游》当中，记述有一极北之国被称为“穷发国”，同时古希腊历史学家希罗多德在其著作《历史》中说，阿尔泰山下居住着一种“秃头人”。“秃头”、“穷发”很可能就是指某个民族不留发辫的习俗，意思相近，不谋而合。

而这些黑石头石人的典型特点，就是圆形的头顶上没有任何发饰，希罗多德的著作中还说：秃头人长着“狮子鼻和巨大的下腭”，这种蒙古人种的脸型恰恰在这些石人身上表现得很突出。非常有意思的是，希罗多德说秃头人在山中看守着黄金，而阿尔泰山的确自古以来就有金矿。学术界所说的丝绸之路，因为在四千年以前就已存在，而那时人们交易的商品不可能是丝绸，除了一些生活用品之外，最有可能的就是黄金。所以说，草原丝绸之路又被称为黄金大道。

当然，中外古籍对新疆青铜时期的居民称谓多种多样，把新疆早期石人都归结为所谓“秃头人”的遗留物，是否过于简单？

在西方史料中，曾把亚欧草原的一些早期游牧部落称作斯基泰人，国内部分学者认为，这正是中国先秦史料中提到的塞人，他们也活动在阿尔泰山、天山一带。那么塞人和秃头人又是什么关系呢？

在新疆呼图壁县的天山深处，有一个叫康家石门子的地方，石门子崖壁上有一幅面积一百多平方米的岩画。据考证，这是一幅在世界上都很罕见的生殖崇拜岩画，而它的创作者正是3000多年前在此游牧的塞人。

岩画上的人物大都体态修长、高鼻深目，具有某些欧罗巴人种的特点，这似乎说明塞人和秃头人并不是一个民族，这一点在早期石人身上会有所反映吗？

在布尔津县文管所里还收藏着两尊奇特的小型石人，它们是在3000年

前的古墓葬里作为陪葬品而出现的。其中一根淡黄色的石人高鼻深目，和康家石门子岩画上的人种非常相似，是否可以猜测，它正是古代塞人的遗存？

其实无论是墓地石人，还是随葬石人，都具有灵魂保护的含义。它的根源就是对石头本身的崇拜，认为石头具有通灵的作用，所以一般的石人身后的墓葬也是用石碓垒砌而成。

在这些石碓的周围，还可以看到半隐半现的散石，其实它们是围绕着石碓的同心圆。圆圈和石碓由放射状的线条连接，它们构成的图形只有站在制高点才能看得清楚。

一种观点认为，立有石人的墓葬并不仅仅是死者的坟墓，可能还是部落的祭祀场所。一些专门用于祭祀的神物在墓葬周围也有所发现。

在某些墓地上，可能和石人并排或单独存在着一种奇特的石柱。目前，出于保护的需要，它们大多被收藏在博物馆里，石柱上雕刻的基本都是鹿形图案，因此就被叫做鹿石。

鹿石上的鹿群具有抽象化的美感，更为奇特的是，所有的鹿嘴都被拉成了细长的鸟喙，这种鹿身鸟喙的造型为神灵安上了翅膀。

学术界认为，虽然鹿石和石人有并存的年代，但相对来说，鹿石要早于石人出现，而且很可能就是石人的前身。

有一种被称为非典型的鹿石，因为石柱上只有一些抽象的符号，这些符号分为三个部分，上面是3道斜线，中间是一个小圆圈，下面是一把剑。是否可以这样理解，斜线意味着五官或者人脸，小圆圈则是脖子上的项链，而剑代表的部位正是下半身，这三部分代表的恰好是一个抽象的人体。

石人最早出现的年代被确定在公元前1 000年左右。随之而来的问题便是，石人是什么时候消失的？突厥石人是最后的终结者吗？

学术界较一致的看法是，突厥石人之后，石人文化开始急速衰退，随着伊斯兰教在草原地带的广泛传播，石人便彻底消失了，因为伊斯兰教是无偶像崇拜，刻画人形已被禁止。这个时间的下限大约在公元11世纪。

在石人存在的上下两千年当中，草原上的民族频繁发生战争、迁徙和融合，所以石人研究中相当多的问题无法解释。今天，矗立在草原上的石人已经成为一道风景，成为一种神秘主义的象征。

楼兰古城的突然消失

西域三十六国之一的楼兰古国在历史舞台上只活跃了五六百年，便于公元 4 世纪神秘消亡，是什么原因使得这座曾经辉煌一时的古城突然神秘消失呢？研究界至今说法不一。20 世纪初，瑞典探险家斯文·赫定又重新发现这座神秘的古城，整个世界为之轰动，世人称之为“东方庞贝城”。从此 100 多年来，楼兰古城一直是中国乃至世界各地探险家、史学家、旅行家所向往的地方。楼兰古墓、楼兰彩棺、楼兰美女，不断重见天日的发掘并没有消除人们的疑惑，相反，却使得楼兰古城的神秘色彩更加浓厚。人们针对各种发现进行着各种各样的猜测。

我们先来看看历史上楼兰古城的样子，《史记·大宛列传》和《汉书·西域传》上记载，早在 2 世纪以前，楼兰古城就是西域一个著名的“城廓之园”，有14000多居民，3000多名士兵，是西域一个势力极其强大的国家。楼兰古城又是古代丝绸之路的必经之地。当年这里聚集着各国的使者、商人，他们进行着繁忙的商业活动，因此这里交通发达，经济繁荣。但令人不解的是，这座曾经如此繁华的楼兰古城为何在繁荣兴旺了五六百年之后，突然从史书和地球上销声匿迹了呢？

1901 年，瑞典探险家斯文·赫定为了寻找他失踪的斧子而在罗布泊北发现了楼兰古城，他为楼兰古城的宏伟和完整而惊讶。于是他向世人宣布这是“沙漠中庞贝城的再现”，轰动了全世界。中外学者一致认为，楼兰古城是丝绸之路上繁盛一时的古楼兰国的历史遗迹中最重要的一部分，它的发现具有重要的价值，对于研究中亚的古代史、丝绸之路的历史变迁、中西文化的交流与相融具有至关重要的作用。

在这之后，大批考古学家进入这座神秘的古城。这些考古学家在楼兰古城和罗布泊地区发掘出大量震惊世界的文物。其中包括新石器时代的石斧、木器、陶器、铜器、玻璃制品、古钱币等等，在这些发现中以晋代手抄《战国策》和汉锦最为珍贵。据专家考证，这份手抄字纸，仅仅比蔡伦发明纸晚一二百年，比欧洲人最古的字纸大约要早六七百年。同时出土的汉锦，做工相当精致，花纹清楚、色彩绚丽。另一重大发现是当年任西晋西域长史的李柏给焉耆王的信件，也就是人们常说的“李柏文书”。这些考古学家根据他们的发掘研究，撰写发表了一系列关于楼兰古城的文章，他们一直称赞楼兰是一个埋藏在“沙漠中的宝地”，是历史遗落下来的“博物馆”、“东方的庞贝城”。

1927 年，中国科学家开始了对楼兰古城的考察。当年随中瑞（典）西北科学考察团来楼兰的著名考古学家

黄文弼和地理学家陈宗器，曾先后多次到达罗布泊北岸考察，他们在楼兰遗址出土了 70 多枚写有明确西汉纪年的汉文木简，还出土了相当数量的铜器、铁器、漆器、木器和骨、石、陶器，以及丝、麻织品残片。

新中国的科学家更加关注楼兰古城的考古发掘。他们为此做了大量的工作。20 世纪 70 年代末，日本 NHK 电视台与中央电视台联合摄制电视片《丝绸之路》。他们组织队伍先后三次深入罗布泊地区，又一次发现了珍贵的魏晋时期的汉文木简、文书（包括少量的佉卢文）及大量的古钱、毛织物、丝织品、皮革制品、漆器等珍贵文物。更可贵的是他们勘测绘制了楼兰古城地形图。经精确测量，判定古楼兰城位于东经 89°55′12″，北纬 40°30′57″。古城占地 12 万平方米，略成正方形，边长约 330 米。

2000 年前，楼兰古城是丝绸之路上南北贯通、东西交汇的重要交通枢纽。这里有着极其繁盛的商业活动，是中国对外交往的一个重要窗口，这里还有着灿烂的文化和精巧的手工工艺。那么这个辉煌一时的古代商城为何会在极短的时间内消失得无影无踪？这个问题一直是人们争论的焦点。

有学者认为，楼兰在毁灭的过程中，生态环境的破坏起到了不可忽视和推波助澜的作用。楼兰曾是个河网遍布、生机勃勃的绿洲。然而声势浩大的“太阳墓葬”却为楼兰的毁灭埋下了隐患。

“太阳墓”外表奇特而壮观，围绕墓穴的是一层套一层的共 7 层的圆木。木桩南内而外，粗细有序。圈外又有呈放射状四面展开的列木，井然不乱，蔚为壮观，整个外形酷似一个太阳，很容易让人产生各种神秘的联想。由于“太阳墓”的盛行，大量树木被砍伐，使楼兰人在不知不觉中埋葬了自己的家园。

有学者认为战争是直接导致楼兰古国消亡的原因。在海上贸易时代之前，东西方贸易只有一条漫长的“丝绸之路”。“丝绸之路”沿线各国，尤其是塔里木南边的鄯善国，就成了周边列强掠夺的重要对象。

还有学者认为，楼兰古城的消失是由于罗布泊北移，楼兰城水源枯竭，树木枯死，曾经兴旺一时的楼兰古城面临着死亡的威胁，人们为了生存弃城而走，去寻找新的水源。由于失去了罗布泊水的滋养，狂风肆虐，沙土不断淤积，楼兰古城最终被沙土淹没。

学者们根据已经发掘的材料在进行着各种推断，但究竟极度辉煌的楼兰古城为什么会在这么短的时间内消失得无影无踪，谁也无法断然下结论。我们期待着考古工作者会有更多的发现，期待着他们早日为我们揭开楼兰古国之谜。

小河墓地的难解之谜

整部楼兰探险史中最有名的遗址当属楼兰“5号小河墓地”。楼兰人在这里为王族修建了寄托民族之根的陵墓，以一条运河——“小河”作为通向圣地的大道。只要关闭运河龙口，让河床断流，这个墓地就被“封闭”在一个不容外人侵入、打扰的禁地。如今这片神秘之域仍是个未解之谜。

自从1934年探险家奥尔得克等人发现了那个“有1 000口棺材的小山丘”——“5号小河墓地”后，70多年过去了，再没有人踏上去，重睹“楼兰公主”那“东方蒙娜丽莎”式的神秘微笑。

2000年，中国考古专家王炳华等一行来到新疆孔雀河流域，那是一片无人地带，荒漠、沙漠交织。孔雀河已经断流，故道布满了沙枣、胡杨、红柳，且兽迹纵横。1934年，考古学家贝格曼划船驶过的小河、观察记录过的咸水湖，如今已化为沙漠和光裸的河滩。只有河谷台地上稀落的红柳沙包、枯死胡杨在诉说着60多年来这片地区巨大而激烈的地理环境变化。其中河水变化是导致这一环境改变的根本原因。

王炳华教授说，从蹄印上观察，这些野生动物主要为鹅喉羚、塔里木兔、狼，也有可能是雪豹的痕迹。在考察过程中他们曾两次发现珍稀濒危动物野骆驼。第一次是在北纬40°40′487″，东经88°28′387″处，发现了一只野骆驼。另外，在大雪之后他们见到一串野骆驼蹄印，蹄痕特别清晰。到了孔雀河下游，王教授忽然看到一处形状特殊的大型墓地，凭着多年的考古经验，他断定其一定具有重大的考古价值。墓地是一个面积达2 000多平方米，高6～7米的巨大圆形沙丘。它的顶部布满了100来根高2～3米的菱形木柱、卵圆形立木，中部为八菱形柱体、顶部呈尖锥状的木质立柱，其南北为立木围栅。立木周围，是丛丛密密的船形木棺，约有140座以上。大部分已被破坏，个别尸骨暴露在地表。一件形体大小如真人，宽胸细腰、臀部肥硕、女性特征明显的木雕像倾扑在巨型沙丘脚下。当年贝格曼报道过的另两名男性木雕像已经消失不见。

据王教授分析，这处古墓地绝不是一处普通的丛葬墓地，它实际上是孔雀河下游远古居民崇奉的神山。种种迹象表明，在这处丛葬墓地里，寄托着孔雀河下游远古居民对祖先虔诚

的崇拜，他们祈求部落人丁兴旺，祈求获得强大的生殖能力。

与孔雀河下游距今近4000年的古墓沟墓地相比较，它们在埋葬习俗、棺木形制、死者衣帽样式、随葬草篓等方面均有相同相通之处。只不过古墓沟墓地时代稍早，但它们都是孔雀河下游青铜时代的古墓葬遗存。这对认识罗布泊地区古代文明、居民种族成分、农业、畜牧业经营及毛纺织、毛毡、皮革等手工业曾经达到的水平，都是无可替代的重要资料，填补着相关研究领域的空白。

小河墓地被发现以后，许多令人疑惑的问题和难解之谜也随之而来：其一，全世界独一无二的墓葬形式，那些直立的数量上百的巨大的红色木桩是什么含义？其二，墓葬中埋的是什么人？通过科学家们的初步认定，他们属于白种人。然而，自汉代以后在新疆生活的已是蒙古人种即黄种人了，那么小河墓地的后裔们到哪里去了？其三，小河墓地所埋的人生活在什么年代？有人认为小河墓地的规模是前所未见的，应该是楼兰王族的墓地；也有人认为他们生活在原始社会，那时社会没有显著分化，国家权力也没有出现，也就没有王族一说。其四，所有的墓地遗址都应在居民遗址附近，而小河墓地却在没有人烟的荒漠深处，附近迄今为止也没有发现任何居民遗址，这是为什么？随之而来的是，人们怎样才能在荒漠深处修建如此规模的墓地？人们怎样运输？从何运输修建墓地的材料和遗体？总之，小河墓地给人留下的悬念太多，可分析的资料又太少太少，所有的历史之谜还有待于未来的发现。

精绝国突然覆灭之谜

世界第二大的塔克拉玛干沙漠，面积达 30 多万平方千米。这浩瀚无际的大沙漠，气候极端干燥，甚至胡杨、红柳这些十分耐旱、耐盐的沙生植物也无法存活。但就是在这样的环境中，古代人类曾开拓营造了一个个适宜于人类生产活动的生命空间及乐土。它们如颗颗绿色的碧玉散落在黄色的沙海之中，所以人们深情地称之为沙漠绿洲。这片片绿洲彼此可连缀成线，于是，贯通亚欧的“丝绸之路”沙漠通道借此有了活力。然而严酷的环境，最终还是使沙漠绿洲化成了死亡的废墟，留给今天的人们以无限的悲凉与悬念。

20 世纪初，有人在沙漠中发现了尼雅遗址，经过考证断定这里是汉代精绝国的废墟。精绝国与古楼兰一样，为西域三十六国之一。它虽然地域很小，都城面积不到 1 平方千米，全国上下只有3000人，却是丝绸之路上的重要通道，来自世界四大文明古国的文明成果均在此交汇。然而这个小国在三国两晋之后竟消失无踪，成为困扰历史学家上千年的文化悬案。

1901年，英国探险家斯坦因在位于今天新疆民丰县的塔克拉玛干沙漠中考察时，无意中在尼雅河畔发现了一些保存完好的古代竹简，简上刻着一些无人能识的古代文字。自此，尼雅遗址开始向世人露出神秘的面貌。斯坦因从这里还发掘出了大量经文、日常用具和精美工艺品，每一件发现都引起了西方世界的轰动。

中国学者在震惊和心痛之余，敏锐地意识到，尼雅遗址可能就是消失千年的古精绝国。新中国成立之后，有系统的考古活动才得以开展起来。1995年，中日两国学者对尼雅遗址进行了联合考察，发现当年的精绝国是个水草丰茂的绿洲，池塘、小桥、果园、树林的遗址仍历历在目。在一处墓葬中，出土了两具装饰得华贵异常的遗体，可能是当年贵族的合葬墓。

然而古精绝国是如何消失的呢？从城中遗物来看，居民们是全体仓皇出逃的。有人认为是因为生态环境恶化造成的沙暴瞬间将它吞没。但是，尼雅周围的树木枯死时间要大大晚于古国覆灭之时。也有人认为是外族入侵，精绝国国小力弱，人们只得抛弃家园出逃。真相究竟怎样，大概只有茫茫的沙海知晓了。

令人费解的米兰壁画

在中国新疆，有一个名叫“米兰”的古城，它曾经有过辉煌的文明。然而，随着历史的变迁，它在沙漠中只留下一些让人唏嘘不已的残垣断壁。直到1907年新年伊始，英国探险家斯坦因在米兰遗址惊喜地发现了“从未报道过、完全出乎意外”的精美壁画。

他后来叙述说，在去米兰的路上，他感到前所未有的神秘和荒凉，其神秘就在于它与世隔绝，数个世纪以来无人打扰。更使他感兴趣的是，他在米兰挖掘出一堆沙海古卷——藏文书，这些文书是“从守卫着玄奘和马可·波罗都走过的去沙洲的路上的古戍堡里出土的”。他从一座破坏严重的寺院里，找到了不止一个完好的涂着垩粉的雕塑头像，在同一寺院里他还挖掘出公元3世纪以前的贝叶书，他简直欣喜若狂了。这一口气挖掘出的一件又一件稀世珍宝，足以使斯坦因富甲天下了，然而，他做梦也没有想到，更大的幸运正雪花般向他飞来。

一天，他来到了一座凋残的大佛

寺，在长方形的基座走廊上，发现了一个呈穹顶的圆形建筑。进而，他意想不到地看见了美丽的壁画。那带翼天使的头像，其东方色彩明显不如其他壁画那么突出，完全是希腊罗马风格。他叙述道："在我看来，这幅壁画的整体构思和眼睛的表现，纯粹是西方式的。残存的带有佉卢文题记的祷文绸带，高度可信地说明，这里的寺院废弃于三四世纪。"斯坦因认为这些壁画明显带有古罗马的艺术风格，在他看来，这些带翼的天使是从欧洲的古罗马"飞"到东方古国的。这个说法无疑引来中外学者的激烈争论。

斯坦因还找到一组欢乐的男女青年群像，"看起来是希腊罗马式的，这是一幅多么好的中国边疆佛教寺院里喜悦生活的画面!"他还以调皮的语调描述了这组画面："这些漂亮的女郎从哪里得到的玫瑰花冠？这些男青年哪来的酒碗？这一切奇怪现象仿佛是用魔法在卡尔顿周围创造出了沙漠及滚滚沙丘，而这一伙迟到的饮宴者正在为之惊奇。"这组画面上还出现了列队行进的大象、四辆马车和骑在马背上的王子等，在造型上酷似印度艺术，但也充满了对希腊罗马古典艺术的效仿。佉卢文题记表明，这些画与尼雅卷子属于同一时代。

斯坦因特别为"带翼天使"的发现而激动。他写道："这真是伟大的发现！世界最早的安琪儿在这里找到了。她们大概在2000年前就飞到中国来了。"米兰壁画是新疆境内保存的最古老的壁画之一，这里的"带翼天使"可以说是古罗马艺术向东方传播的最远点。斯坦因的发现，轰动了欧洲文化界和考古界，米兰从此不再是一个陌生的名字，而成了世人争睹风采的所在。

后来，考古工作者又在米兰佛寺遗址发现了两幅并列的"带翼天使"。天使像为半身白地，以黑线勾镂轮廓，身体涂红色。此画位于回廊圆形建筑内壁近底部，上面有一条黑色分栏线，在这条线的右端上部有一黑红色莲花座，显示出回廊内壁绘画与雕塑的整体装饰结构。这两幅并列的"带翼天使"壁画，参照斯坦因的观点进行分析，可以看出，它们体现了希腊、罗马艺术作品的美学追求。罗马艺术家使用灰泥塑成主体的块状，完全可以在护墙的内壁上运用阴阳明暗对比和渲染手法，使富有立体感的人物形象跃然壁上。壁画上天使的眼睛是完全睁开的，双眸明亮，眉毛细长，唇微合，双翅扬起，表现了追求天国生活的自信与博爱精神。这种形式迥然不同于佛教绘画准则，而更贴近古罗马艺术的美学特点。

反对斯坦因这种说法的人也为数

不少，比如中国学者阎文儒先生对上述观点就持反对态度，认为斯坦因“抱有偏见”，因而给予猛烈抨击。阎先生说，斯坦因不仅抱有偏见，调查研究也不深入，他对丹丹乌里克、若羌磨朗寺院遗址中发现的佛教壁画，有的说法牵强附会，有的将西方的古代神话强加到佛教艺术的题材中，以致混淆了许多观念。阎先生还认为，斯坦因把丹丹乌里克两个木板画解释为《鼠王神像》和《传丝公主》是完全错误的，是对佛教不熟悉所致。对于“带翼天使”不是三四世纪的作品，而是唐代风格之说，他认为斯坦因将绘画时代上推，是为了把这些壁画题材附会到希腊爱神上去。关于“带翼天使”神像的题材，应从佛教艺术中去寻找，因为“带翼天使”神像不仅在巴基斯坦、西亚发现过，在克孜尔、库木吐拉、森木塞木等早期石窟中甚至敦煌莫高窟唐以后的壁画中，也多有表现。因此，把它说成是希腊罗马式美术作品，是根本行不通的。

仁者见仁，智者见智，争论在所难免。米兰壁画上的带翼天使究竟从何处而来，还有待深入探索，予以破解。

夜郎古国今何在

一句“夜郎自大”的成语，让人们对夜郎古国产生了浓厚的兴趣。于是带着诸多的疑问，中外考古学家的脚步遍及整个大西南。《史记·西南夷列传》记载：“西南夷君长以什数，夜郎最大。”这一记载和司马迁其他有关夜郎的记述，被学者们普遍认为是夜郎国年代最早、可信度最强的关键性证据。半个多世纪以来，夜郎文明虔诚的追随者，在史书记载和考古发现的指引下，试图找到令他们魂牵梦萦的夜郎国，但是至今仍未能目睹其“庐山真面目”。

随着考古工作的不断深入，夜郎考古出现了一系列转机，并取得了阶段性成果。2004 年 10 至 12 月，贵州省文物考古研究所和四川大学等单位组成的联合考古队，对贵州省威宁彝族回族苗族自治县中水镇的数种不同时期的文化类型遗存进行了 3 个多月的考古发掘，收获丰厚。

威宁中水的这次发掘，首次在贵州揭露出功能较为全面的山区聚落遗址，并建立起贵州西部乃至云南东北部新石器时代末期至早期铁器时代考古学文化发展系列。考古学家认为，这次考古发掘为长期以来云山雾罩的夜郎研究“打开了一扇窗户”。

多年来，夜郎考古几乎成了贵州省考古学界的中心工作。1996 年，贵州省成立了由一位副省长担任组长，省文化厅厅长、财政厅厅长担任副组

长的夜郎考古领导小组。同年，领导小组邀请国内著名专家、学者，对夜郎考古的长远规划和近期目标进行了安排。此后不久，贵州省组建文物考古研究所，大力推进考古工作。一系列的举措曾使夜郎考古出现了短暂繁荣。距离威宁中水约 100 千米，处于同一纬度的赫章县可乐遗址，因为出土了大量极具价值的青铜葬器、兵器、礼器、生活用具等夜郎时期的文物，被评为 2001 年度中国“十大考古新发现”。这在夜郎研究中具有里程碑式的意义，但是满腔热忱的考古学家们面对迷雾重重的夜郎古国，至今仍有四大谜团尚未解开。

谜团之一：夜郎国的疆域、中心区域在哪里？这个问题是学者们分歧最大、争论最为激烈的话题。通常认为，作为一个国家，应该有自己的统治范围，存在政治、经济和文化的中心。这种“中心说”目前有 10 多种。贵州省内就有安顺、桐梓、六枝、望谟、惠水、长顺和三都等地，认为古夜郎的中心位于今天它们的行政区域内。云南省的宣威，广西和湖南也认为古夜郎的中心在自己的区域之内。各方提出的“中心说”，并非子虚乌有，都能引经据典，甚至找出学术论文。随着研究范围的拓展，夜郎国的轮廓日显明朗，但是其中心区域的位置仍未能得到普遍认同。

谜团之二：谁是夜郎的主体民族？其中包括谁是夜郎的统治民族或人口最多的民族。夜郎的族属主要有 4 种观点，即苗族说、彝族说、布依族说和仡佬族说。如今，这 4 个民族都成立了自己的民族学会，并为争取本民族是贵州的先民而广泛求证。

谜团之三：夜郎的社会性质是什么？根据对夜郎经济发展状况的不同理解和评价，对夜郎社会性质的认识大体可以归纳为 4 种观点。一是奴隶制社会的早期阶段；二是原始社会的末期阶段；三是封建社会早期阶段；四是双重经济体制，即封建社会的政治、经济因素对夜郎产生了较大影响，并逐步改变当时奴隶制社会的状态，当时处于一个过渡阶段。

谜团之四：夜郎存在多长时间？学术界对夜郎存在的时间界定大相径庭。由于夜郎国灭亡的事件史书上有明确记载，所以，一种较为普遍的看法是，夜郎国存在了 300 年左右。但是，它建于何时？又毁灭于何时？对此仍然没有获得统一认识。夜郎国发生的重大历史事件，文献记载都是寥寥数语，而且分歧甚大。

历史最大的魅力在于它的研究只能逐渐接近真实，而无法将事实再现。探索之途尽管荆棘密布，但神秘夜郎国的大门已经被百折不回的考古学家叩响，相信我们距离城门开启的日子不会太久远。

悬崖上的奇迹

在一个月黑风高的夜晚，在四川百万大山中的一条山路上，一群行色匆匆的人正扛着一个长方形的东西向山上走去，领头的人一手握着火把，一边回头催促后面的人，“快点，快!”寒冷的山风吹得火把上的火扑扑地直跳，映着那个川西大汉流着汗的脸，路旁的奇树怪石在微微夜色下显得更加神秘。细细的砂石在这群人脚下发出“嚓嚓”的响声，这响声渐渐远去，直到那山的转角就再也听不见了。

几十天后，一个捡柴的青年走过一道堪称“千仞”的悬崖边，抬头一望，崖上又多了一个半露的悬棺，它微露穴处，似拨动云浪，凌空欲航，令人顿有一种可望而不可即的感觉。

据有关学者专家考证，目前在我国云贵川等省的山区中就发现了上百只这样的悬棺。这种奇特葬俗的神秘性，使许多人对它产生了兴趣。人们迫切想知道，古人们为何要把棺木悬于绝壁之上，这些棺木究竟有多少岁月了，而最令人不解的是，在古代，人们是怎么将这些悬棺安到悬崖峭壁上去的呢?

1980 年，四川大学历史系的师生为了揭开悬棺的秘密，在大宁河荆竹坎，采用木梯接木梯的方式取下了一具悬棺。在其中他们发现了两具尸骨，均为 10 多岁的男孩和女孩，随葬物有铜带钩两件，均属西汉之物。此后随着考察的不断展开和参考 20 世纪六七十年代的考察结果，悬棺的千古之谜初露端倪，它的时间上起商周下至明清，历史可谓久矣。关于悬棺之所以被放至高处的原因也基本被考证出来。在大宁河地区的少数民族中即有悬棺葬的习俗，此外，古代武夷山地区的越人，西南地区云南的僚人与四川的少数民族也都有此葬俗。专家们认为，这些民族由于长期居住在山水间，依山傍水的自然环境决定了他们的生活环境与生活习性，而这种环境和习性使他们对山水产生无比崇尚和依恋的感情，以至他们死后都要葬在靠山临水的位置，悬棺有时也被称做“船棺”，这是因为棺形也有成船形的，这表明亡灵对山水的依恋与寄托之情。同时，由于这种民众观念的广泛影响，在当时高挂棺木的风气广为流传。

这些悬棺又是怎么挂上那万仞峭壁的呢?难道真只要自“山上悬索”即可吗?一些专家曾经推断，悬索下柩可以解决千斤之物如何挂上悬崖的问题。1973 年公安部门曾侦破了一起

盗悬棺案。两名盗贼事后供认，他们中一人先悬梯而下至洞穴，再设法在岩壁上开辟一条栈道，随后即可盗棺而出了。这一方法启发了科学工作者。他们认为越人等那些盛行悬棺的少数民族必然反其道而行。先觅到安葬洞口，而后在洞口前架设数十米长的栈道。棺木在峰顶就地制成，装殓死者后吊坠而下至洞口，再由人推进洞去。但这种方法只适于如武夷山区那种古藤丛生，便于攀岩附壁的悬崖。而如川西等地区，由地表断层形成的千仞绝壁上往往很少有可攀附的古藤和石坎儿。因此有学者认为悬棺可能是自上而下吊置的。

1980 年大宁河悬棺棺盖头部有一道明显的绳勒痕迹，宽约 3 厘米，持此论者因此推证，当时人们可能借助了某种最原始的机械完成悬棺之举。但人们至今不能断定古人是用什么简陋的机械将悬棺升至几百米高的洞穴的。

还有一些学者则认为，悬棺也有可能是通过修栈道运到悬崖上的洞穴中的。他们推断古人可能就像今天造房子搭架子那样沿着悬崖向上搭，当搭到洞穴口时便可将棺一层层递上来，直至送入洞中，或者也可由山顶搭栈道向下直至洞口。但这种“栈道”之说的漏洞在于，一般来说悬崖处很少有缓坡可供搭设栈道，而由上而下搭架子是否能搭到数百米，特别是在工程技术还极其落后的古代少数民族地区，还是个谜。

此外关于悬棺的方法的猜测还有很多，有“洪水说”、“隧道说”，甚至还有“天外来客说”等等。

悬棺作为古越文化的一个象征，始终吸引着许多民族学家和考古学家。从中国的西南、南部一直延伸到太平洋西部群岛和大洋洲，都存在这种奇特的葬俗。如果把这作为越文化的迁徙分化的产物，那么将意味着上述地区曾是古越民族的文化传播地，这也将给东南亚及西太平洋地区各民族的文化血缘与族类别带来新的课题。悬棺高悬在云雾缭绕的绝壁之上，充满着永恒的神秘色彩，它作为文化发展史中的一个奇迹，将永远被人们所思索和铭记。

东方“石棚”之谜

远古时代的巨石建筑和雕刻艺术使人们为之迷惑，苏格兰的巨石阵、复活岛上的石像像磁石一样吸引着好奇的人们。可能很少有人知道，在中国也存在着令人费解的巨石建筑遗迹，而且中外考古学家半个世纪以来一直对此争论不休。

这些巨石建筑，习称“石棚”，

一般是指用几块大石板或石块立在地上作为壁石，上面覆盖一块巨大盖石的古代建筑物。据调查，这种石棚在全世界分布很广，从欧洲的丹麦、法国、德国、英国、俄罗斯、荷兰、比利时、葡萄牙、西班牙、意大利；非洲的埃及、阿尔及利亚、突尼斯、摩洛哥；直到亚洲的叙利亚、土耳其、印度、马来西亚、日本、朝鲜和中国等地。中国的石棚在吉林、辽宁、山东、湖南和四川等省均有发现，而大部分则有趣地集中在辽东半岛上。

新中国成立前，日本学者鸟居龙藏先生曾对分布在中国东北的石棚专文介绍。时称“此等遗迹，殆分布于全世界中，而中国有无迄今尚无调查报告，实为奇异。中国考古学界，对于史前陶器之研究颇盛，而对巨石文化研究，则尚付阙如，实属遗憾”。

辽宁省盖县石棚山遗址的石棚，盖石长 8 米多，宽近 6 米，厚 0.45 米，重达几十吨，单凭人力把这硕大的石板支架到 2 米左右高的石柱上面去，实在令人惊叹不已。而且，大石棚的壁石与盖石多经仔细加工磨制，壁石套合也很整齐，有的刻有沟槽，和铺底石结合在一起，这样宏大的古代建筑，即使现在也不容易再修，更何况在几千年前的新石器时代。

石棚究竟是做什么用的？它的性质如何？它究竟产生于什么时代？它又在什么时代废弃？为什么石棚常三个四个在一起，甚或成群？这一系列问题，引起一些考古学者半个世纪的沉思和争论。

法国《人类学辞典》在 19 世纪末对石棚的解释是，在三或四块巨石之上，支架一块扁平的巨大天井石，故亦称“石桌”。德国称之为“巨人之墓”，比利时称为“恶魔之石”，葡萄牙叫做“摩尔人之家”，在法国则有“仙人之家”和“商人之桌”两种俗名。在我国辽东半岛，有石棚的农村多流传着“姑嫂修石升天”的故事，故习称“姑嫂石”。而朝鲜半岛则流传着天上的巨神把石桌移到人间的神话。目前，有的专家认为这是一种巨石坟墓，意义如同埃及的金字塔；有的学者认为它是一种宗教祭祀建筑物；有的人认为它是古代氏族举行各种活动的公共场所，等等。

过去大量考古学者把广泛分布于世界的石棚、立石桩、环石、列石、石碣和积石墓等古代巨石建筑，统称为“巨石文化”。今天看来，上述建筑所在地域广袤、种类不一、延续时间又很长，有的从新石器时代开始一直到青铜时代甚至更晚，因而再将世界各地、各个不同时期的巨石建筑笼统称为“巨石文化”似觉不妥。

半个世纪过去了，今天中国的考古事业正处于“黄金时代”，但是，

认真研究“巨石文化”的考古工作者仍寥寥无几，这一方面是因为古代遗留的巨石建筑数量较少、分布不广；另一方面原因则是这种巨石建筑缺乏文献典籍资料可依，也没有民族学等材料可循，仅在民间留下了许许多多动听而莫测的传说。

消失的草原民族

1948年，前苏联考古学家对西伯利亚西部接近蒙古边境的阿尔泰山脉大草原进行了发掘研究，共发现5个大墓穴和9个小墓穴。对当年首次考察此处的考古学家鲁登科来说，这些发现可说是毕生难逢的重大收获。

古代西伯利亚人建造坟墓时力求坚固耐久，但他们却没有料到阿尔泰山脉草原上的气候，竟然会将他们的精美手工艺制品保存下来。

这处草原冬季漫长酷寒，夏日则凉快而为时甚短，年平均温度通常会低至形成永冻层，保存坟墓完整主要是其独特的结构。鲁登科发掘到的大墓穴，全部依照同一式样建造，墓坑深约5米，底部主穴四壁用结实的落叶松圆木筑成，坟顶则铺设更多圆木和一层大石。在大石层之上，有一个厚约1.8米的土墩，上面再铺上达4～5米，宽达50米的碎石堆。使坟墓保持冰冻的最主要的是这堆碎石，因为碎石阻隔了夏日的热力，冬季可让霜寒透入。

碎石传热性能差，因此坟墓一旦营建完工，碎石下面的那层泥土，便几乎立即变成永久冰冻，话虽如此，冰冻的速度仍不足以防止陪葬的马匹和山羊出现部分腐烂现象。人尸所以能够免致腐烂，是因尸体全身涂了防腐香料，而且身上所有腔窝，都已用草填塞。

在这14座坟墓中，最重要的发现是古壕二号中的一具男尸和一具女尸，这个男人在世时身上文了好些图形，这个女人可能是他的妻子，由于自然界偶尔发生的奇妙作用，这对夫妇的尸体以及一大批陪葬物品，包括鞋子、袜子、地毯、瓶子和木桌等，大致都保持原状，就是那些通常极易腐烂的物品也保存完好地在墓穴中冰藏了大约2500年。

虽然下葬之后某一时期，曾有盗墓者入墓盗宝，但剩下的东西仍足以使鲁登科对铁器时代开始时一位部落酋长的生活方式和身体形貌有独特见识。这位男死者生前身材十分高大，身高1.76米，体格健硕。死者头部正面曾经修剃，并且剥去头皮。以腿骨微弯看来，鲁登科推断死者长年骑马，就像游牧民族的首领一样。可是，最令人感兴趣的就是尸体上的文身。死者手臂、大腿和躯干大部分地方都有文身花纹，那些图案多为神话中的怪兽，长着猫尾和翅膀的动物，身体像蛇的鹰头狮子及长了鹰嘴有角的鹿。

鲁登科在阿尔泰山脉草原上另一处墓穴中，发现一辆篷车的残骸，旁边还有一些殉葬的马的遗骨，以便能随同主人进入另一个世界。在文身死者的墓中也有几匹供策骑马匹的遗物。墓里除了有一些家居物品，还有一些毛皮和数量很多的珠串和金耳环，显然这是因为盗墓者搜掠时疏忽剩下的。此外，鲁登科还发现一张几乎完整无缺的木桌，四只脚雕老虎后腿直立的形状。墓穴里有几个盛着几滴发酵马奶的泥瓶子和一袋乳酪，大概是供死者夫妇登天途中享用的。至于供死者作精神慰藉的，则包括一具残缺不全的竖琴和一袋大麻种子。男尸身上上等的衣服用大麻织成，缝工精细，主要缝口上还缀着羊毛红边。

另外，还有一件奇怪的东西放在男尸头部旁边，就是一把假胡须。这把假胡须用人发制成，染成深栗色，缝缀在一块兽皮上面。虽然在这一带发掘出来的男尸都无长须或短髭，但这一族的人佩戴的悬垂饰物上图像显示塞西亚男人大多数蓄须。也许那些须全是假的，至于为什么要戴假须，则我们也许永远无法知道了。

然而，最奇怪的是在墓中发现的头颅有很多不同类型。虽然鲁登科只得到少数样本。但他鉴别出其中不仅有欧洲人种，还有长头与扁头的两类黄种人。他把这种种族复杂的现象，归于部落酋长基于政治原因，与远方部落公主通婚的习尚。鲁登科指出，在现代的哈萨克和吉尔吉斯族人中，也有类似的面形歧异。

那些黄种人的头颅，也许是属于匈奴贵族的，原因是在公元前 3 世纪末期，可能有一个匈奴部落移居此地，将阿尔泰山脉地区的酋长逐出这个地区。起初，匈奴人可能和他们通婚，可是到了公元前 3 世纪末期，他们也许采取了较为残暴的办法。因为古代阿尔泰山脉民族作为一个独特文化群体的遗迹，到了那时候突然中止。此后，他们的生存痕迹便再也找不到了。

诺亚方舟之谜

“人世间充满着强暴、仇恨和嫉妒，上帝看到这种种罪恶，引来洪水毁灭世界。只有诺亚方舟幸存下来，这是人类最后的希望……”每每读到《圣经》这一段话，心中总不免会有一个疑问：诺亚方舟是不是真的？如果是真的话，它究竟在哪里呢？

“诺亚方舟”是出自圣经《创世纪》中的一个引人入胜的传说。据说，由于偷吃禁果，亚当夏娃被逐出伊甸园。此后，他们来到地面，一代又一代，人类布满大地，但罪恶也充斥人间。该隐诛弟，揭开了人类互相残杀的序幕，人世间充满着强暴、仇恨和嫉妒。上帝看到人类的种种罪恶，愤怒万分，决定用洪水毁灭这个已经败坏的世界。但心地善良、为人正直的诺亚特别受恩宠于上帝，所以上帝告诉他：“在这块土地上，恶行太过了，我决心毁掉所有的人。不过只有你和善，我决定救助你和你的妻子以及你的孩子和他们的妻子。我要使洪水泛滥地上，毁灭天下。你要用木头造一只大船，完成之后，要把你的家族，还要把所有的动物分成雌雄一对，都放到方舟上去，一切准备妥善，我就让雨不停地下 40 个昼夜，毁掉地上所有的生物。”

上帝要求诺亚用歌斐木建造方舟，并把舟的规格和制造方法传授给诺亚。此后，诺亚一边赶造方舟，一边劝告世人悔改其行为。诺亚在独立无援的情况下，花了整整 120 年时间终于造成了一只庞大的方舟，并听从上帝的话，把全家八口搬了进去，各种飞禽走兽也一对对赶来，有条不紊地进入方舟。7 天后，洪水自天而降，一连下了 40 个昼夜，人群和动植物全部陷入没顶之灾。除诺亚一家人以外，亚当和夏娃的后代都被洪水吞没了，连世界上最高的山峰都低于水面 7 米。

上帝顾念诺亚和方舟中的飞禽走兽，便下令止雨兴风，风吹着水，水势渐渐消退。诺亚方舟停靠在亚拉腊山边。又过了几十天，诺亚打开方舟的窗户，放出一只乌鸦去探听消息，但乌鸦一去不回。诺亚又把一只鸽子放出去，要它去看看地上的水退了没有。由于遍地是水，鸽子找不到落脚之处，又飞回方舟。7 天之后，诺亚又把鸽子放出去，黄昏时分，鸽子飞回来了，嘴里衔着橄榄枝，很明显是从树上啄下来的。诺亚由此判断，地上的水已经消退。后世的人们就用鸽子和橄榄枝来象征和平。于是诺亚带着一切活物走出方舟，回到地面，重建家园。上帝告诫说：“你们要生育繁殖，遍布大地，切不可作恶，凡流人血的，他的血也必被人所流……”

诺亚大洪水的故事是距今6 000年左右的传说，不仅在《旧约全书》里有清楚记载，被称为世界最古老的图书馆——古代亚述首都尼尼微的文库中发掘出来的泥板文书上，也有着类似的洪水故事的记载。虽然是个传说，但由于《圣经》中记载的很多事情都被证实是真实的，所以很多年以来，许多国家的圣经考古学家都希望揭开这个千古之谜。早在 17 世纪，荷兰人托依斯就写过一本《我找到诺亚方舟》的书，并附有方舟的插图。18 世纪也有一些人声称他们看见过方舟。

如果他们的所见真实的话，那么在哪里可以看到方舟呢？位于土耳其东端靠近伊朗国境的地方，有座海拔 5 065米的死火山，山顶自古就被冰川覆盖着，名叫亚拉腊山。传说诺亚方舟就在这个山顶。不过，住在这个地方的阿尔明尼亚人把这座山尊崇为神圣的山，相信人若登上山顶会被上帝惩罚。长期以来，谁也没有爬过它。但这个谜最终还是被科学时代的登山队员所破解。1792 年，一个叫弗利德里希·帕罗德的爱沙尼亚登山家，初次在亚拉腊山登顶成功。随后，在 1850 年，盖尔奇科上校率领的土耳其测量队也登上了顶峰。1876 年，英国贵族詹姆斯·伯拉伊斯在圣山高约 4500 米的岩石地带，捡到了木片，并发表了他找到方舟残迹的消息。

1916 年俄国飞行员拉特米飞越亚拉腊山时，发现山头有一团青蓝色的东西，好奇心促使他飞回去又仔细地看了看，结果他惊讶地发现了一艘房子般大的船，一侧还有门，其中一扇已毁坏。他很快就把这个奇遇报告了沙皇尼古拉二世，皇帝当时曾命令组织一支探险队前去探个究竟。但是由于十月革命的爆发，这项计划便搁置起来。

二次大战后，一位土耳其飞行员在这里拍下了一张“方舟”照片。从此，“方舟”不再是人们口头的传闻，而是有了照片的实物。更令人吃惊的是：照片放大处理后，测出船身为 150 米长，50 米宽，和传说中的方舟近似。

1945 年，美国的阿仑·史密斯博士组织了亚拉腊山远征队，以探寻诺亚方舟为目标，可是未能达到目的。1952 年，法国的琼·多·利克极地探险家又组织了探查队，并成功地登上了亚拉腊山顶，然而关于诺亚方舟则什么也没有发现。可是，当时的一个叫琼·费尔南·纳瓦拉的队员却不死心，他下定决心要找到方舟。1953 年 7 月，他带了十一岁的小儿子拉法埃尔，第三次登上了亚拉腊山峰顶，并且如愿以偿地发现了“诺亚方舟”的残片，他们从冰川中挖出了它的一部分，带回了一块木板。这块古木板后来寄送到西班牙、法国、埃及等国家的研究所，进行了科学的研究。其结果证明，这是一块经过特殊防腐涂料处理过的木板。经碳 14 测定它至少有 4480 年的历史，正是所传“方舟”建造的年代。

人们惊呆了，又有照片，又有实物，费尔南坚信自己发现的就是“诺

亚方舟”。后来，他根据这些探查结果，写了一本书名叫《我发现了诺亚方舟》，于1956年出版。他还在全世界到处举行报告会，引起了强烈反响。

但有人提出了质疑：首先是地质学家从未发现全球性大洪水的证据；就算发生过诺亚时期的大洪水，1.2亿年前冰封的地区总该有被水改变过的迹象，可它们依然如故。不管海拔多少，那些外露的冰川断层仍保持原始状态。况且，洪水水位也不至于会升到5千米的高度，方舟又怎能处在亚拉腊山之巅？

美国人C·J·卡佐和S·D·斯各特提出，从科学观点来看，历史上有人见过诺亚方舟的说法是无说服力的。如果方舟在5000年前就被搁置在亚拉腊山的山顶附近，那它很可能早就被冰川运动转移到了较低的高地。方舟至少在某种程度上已支离破碎，木头撒遍了亚拉腊山的较低山坡。可是就我们所知，从来也没人找到过这样大宗的木头，更不用说方舟的残骸了。而飞行员们提供的“方舟”照片显然都是模糊不清的，真实性让人质疑。

也许我们可以设想出5000年前在美索不达米亚地区发生的一场大洪水，诺亚家族预见到当地的江河有泛滥之征兆，于是他们造了一只船，贮藏了足够的物资，出于自然的冲动，给牲畜留出了舱位。那场洪水使生命财产损失浩大，数天之后，那只船搁浅在某一高地或丘陵上。随着时间的消逝，这件大事的传说就作为家喻户晓的诺亚方舟故事而留传了下来。

还有一种说法，认为方舟搁浅在亚拉腊山脉面向黑海的一个山坡上，因此很可能因为黑海水位暴涨而沉入黑海海底。

那么，历史上是否存在诺亚方舟呢？如果存在的话，它在哪里呢？是在亚拉腊山，还是黑海海底呢？这都还有待于探险者和考古工作者的研究。我们期待着这个千古之谜可以早日大白于天下。

土耳其金字塔探秘

2000年前，在土耳其东部的内陆高原，背靠连绵不断的托罗斯山脉，有一个叫做“库玛坎内”的小国。随着历史的流逝，小国早已不复存在，但是至今还留下了不少堪称是古代阿纳托利亚瑰宝的古迹。在海拔2 100米的奈姆尔特山上还耸立着一个世界上屈指可数的金字塔和神像。由于地处偏僻，这个遗迹从发现到现在还不到100年，真正的发掘只有30年。直到20世纪60年代为此，从首都安卡拉到奈姆尔特山之间1 000多千米，连一条简单的公路都没有，交通十分不便。所以，除了当地放牧者和猎人登山外，很少有旅游者前来观光。几年前，土耳其政府修筑了一条通向奈姆尔特山的公路，这才使游人有幸前往瞻仰。

在奈姆尔特山上有一座用拳头大小的鹅卵石堆积起来的高 50 米、直径 100 米的三角锥形塔，这个人造的塔构成了奈姆尔特山真正的山顶。这是公元前 63 年统治库玛坎内王国的安提阿卡斯一世为自己建造的永久安息之地。

安提阿卡斯一世为什么要在海拔 2 100米的高山上修建自己的陵墓，随着他的长眠，这将永远是个不解之谜。但是，可以想象这位统治者是受权欲的支配选中了这块地方。在当时他统治的库玛坎内王国境内，奈姆尔特山最高，堪称是王国至高无上权力的象征。难怪他死后也要安葬在那里，好让他的臣民们望远看到他的存在与力量。事实上，历史是对他最好的嘲讽。在他死后 100 年，王国就被罗马帝国吞并。库玛坎内王国犹如昙花一现，很快从历史舞台上消失。

从塔的外观上来看，与埃及法老修建的四方形金字塔不一样，这是一种三角形锥体。但是从其建筑的宏伟规模来说，它并不比埃及金字塔逊色，所以人们把它称之为“土耳其的金字塔”。

在塔前东西两侧筑有用巨石砌成的长长平台，平台上各矗立着 5 尊高达 8～10 米的巨大神像。东侧设有祭台，供祭祀太阳神用。西侧平台后有一道用巨石建起的影壁，墙上铭刻着库玛坎内王的丰功伟绩和王国的法律等。在柔和的阳光下，伫立在蓝天中的石像显得更加高大雄伟，使人感到有一种摄人心魄的力量存在，它与背后耸立着的金字塔尖交相辉映，使周围的气氛显得更加肃穆静谧。

令人遗憾的是，由于强烈的地震，使重达三四吨的石像头一个个被震掉在地上。东侧石像的头凌乱地躺在地上。但是，西侧的石像头却个个威武地竖立在地上，而且基本上完好无损，依旧保持着当年雕刻时英俊、洒脱的容颜。宙斯神庄严肃穆；头发上装扮着蔬菜果物的命运女神福妥娜温柔甜美，尽管鼻子与下巴已经磕掉，但是美丽的风韵犹存。他们的目光望远凝视着西方。在西边平台两侧还有巨大的狮子和浮雕，守护着神像。

2000年前，横跨欧亚两洲的库玛坎内王国受到了东方波斯与西方希腊、罗马两大文化的强烈影响，这从东西两个平台上并排着 5 尊神像的姿态可以窥见。它们既代表了古希腊神

话中的众神，如主神宙斯、战神阿瑞斯、大力士赫克勒斯，又表示了波斯神话中的主神奥洛马坦斯和阿尔泰盖内斯，以及库玛坎内臣民心目中的神安提阿卡斯一世。这些雕刻精美的神像反映了当时文化、艺术和生产技术已达到了一个相当高的水平。

对这些高达 8～10 米的神像而言，尽管其身躯是由若干块大理石雕琢而成，但石像头部是用整块大理石雕琢，有三四米高，每块重达数吨。在当时的生产条件下，要把这些石料从 30 千米以外的采石场运到这儿，又要把它运上这陡峭的山顶，库玛坎内王国的人们是如何完成这样浩大的工程的呢？难道在 2000 年前他们就掌握了某种先进的技术吗？要揭开这个谜底还需要考古学家和历史学家的共同努力！

佩特拉之谜

英国著名诗人威廉·贝根曾经写下过这样两行诗句：“令我震惊的惟有东方大地，玫瑰红墙见证了整个历史。”这是为一个叫做“佩特拉”的地方作的赞歌。考古专家曾这样评价佩特拉：“这是个一流的考古地，一个中东最大的考古宝藏。”佩特拉究竟是个什么地方？为什么这么值得人们关注和歌颂呢？

无论从哪个角度看，佩特拉都是一个值得介绍的地方。这个城市在历史的变迁中载浮载沉，而后神秘的消失，到现在几乎还未被人触及过呢。

在公元 2 世纪到 3 世纪，即罗马帝国全盛时期，佩特拉曾一度是罗马东部省城中的佼佼者，然而后来长期衰落。到了 19 世纪，它成了一个地理位置极其神秘的城市，隐没于死海和阿克巴湾（今天的约旦国境内）之间的山峡中，被阿拉伯人称为“佩特拉废墟”，外界很少有人造访此地。

虽然在好奇心的驱使下，曾有人试图进入佩特拉，但往往不是找不到具体的地理位置，就是不幸被当地的异教徒杀害。因为通往佩特拉的必经之路是一个深约 61 米的山峡，这就是《圣经》中提到的“荷尔要塞”。到了 1812 年，终于有一个叫贝克哈特的瑞士人进入了这个被人们长期遗忘了的城市。

一路心惊胆战地经过了那个让人毛骨悚然的荷尔要塞，贝克哈特发现了世上最令人惊叹的建筑：这是一个完全由坚固的岩石雕凿成的、高 40 米、宽 31 米、装点的柱子比真人还大的塑像，在阳光的照耀下，呈现出亮丽的粉色、红色、桔色以及深红色，层次生动分明，典雅动人。由于整座建筑雕琢在沙石壁里，外衬着黄、白、紫三色条纹，熠熠闪光，无比神奇！这就是著名的卡兹尼石雕。

过了卡兹尼，沿着峡谷向前行进，贝克哈特发现，这里有一座隐没于此的城市：悬崖绝壁环抱，形成天然城墙；壁上两处断口，形成这狭窄山谷中进出谷的天然通道。四周山壁上雕琢有更多的建筑物。有些十分简陋，只能算洞穴；而另一些山则大而精致，有台梯、塑像、堂皇的入口、多层柱式前廊。所有这一切都雕筑在红色和粉色的岩壁上。

根据多年的研究与学习，贝克哈特推测，这些建筑群就是已消失的纳巴泰民族的墓地和寺庙。纳巴泰人把已故的国王们视为神灵，把他们的陵墓视为神庙，在岩石中开凿墓地是他们的一种风俗。

纳巴泰人是阿拉伯游牧民族，约在公元前6世纪从阿拉伯半岛北移进入该地区（今天约旦和南叙利亚境内），他们在这里建造了众多的安居地，并把佩特拉作为了首都，因为这里既有典型的战略优势：唯一的入口是狭窄的山峡，正可谓一夫当关，万夫莫开；又有丰富的资源环境：水源充足、森林繁茂、牧草肥沃。

而且，佩特拉位于亚洲和阿拉伯去欧洲的主要商道附近，来自世界各地的商人们押运着满载货物的骆驼队经过这里，把阿拉伯的香料、经波斯湾输入的印度香料、埃及的黄金以及中国的丝绸运往大马士革、泰尔以及加沙等地的市场。公元前4世纪，这里成为了一个重要的商业城市。公元前2世纪，纳巴泰达到了全盛时期，王国领土由大马士革一直延伸到红海地区。纳巴泰人的文字逐渐进化成了当代阿拉伯文字，在当今大部分阿拉伯世界中广泛使用。公元前80年—前65年，国王阿尔塔斯二世统治时期，纳巴泰人铸造了自己的钱币，建造了希腊式的圆形剧场，佩特拉城蜚声于古代世界。无论何地，甚至远至中国，只要有骆驼商队，只要有贸易团体，人们都听说过神话般的石头之城——佩特拉。

公元106年，罗马人夺取了佩特拉，城市及周边地带成了罗马帝国的一个省，称作阿拉伯人佩特拉区。它是罗马帝国最繁荣的一个省，罗马工程师们铺筑商道，改进灌溉设施。佩特拉几年中创造的经济效益占罗马帝国经济生产收入的四分之一。

可是，佩特拉的贸易却开始发生变化：越来越多的货物依靠海上运输，地中海岸的一座名叫亚历山大的城市抢走了它的一部分生意；陆地运输也开始变化，罗马人在它北部兴建了一条大路，连通了叙利亚的大马士革与美索不达米亚（今天的伊拉克），掠走了更多的运输贸易。到了公元2

世纪，佩特拉的经济实力和财富大大减弱。公元3世纪，佩特拉沦为东罗马帝国的一部分，并成为一座基督教城市，是拜占庭大主教的居住地。公元4世纪，随着伊斯兰教在阿拉伯地区的东山再起，阿拉伯人佩特拉区又成了伊斯兰帝国的一个小省。

此时的佩特拉几乎处于被遗弃的地步。几个世纪后，佩特拉这座石城在十字军东征期间因为被作为军事要塞，曾经再次兴旺起来；但是到了公元7世纪后，佩特拉再次被遗弃。在贝克哈特来访之前，西方世界完全将它遗忘了，这里的墓地只是被游牧的人当做了遮风避雨的场所。

贝克哈特将他在佩特拉的所见所闻写进了《叙利亚圣地旅行记》的一卷书中，书中优美的描述引发了欧洲人到这个地方探险的激情。1835年，一位年仅30岁而又博览群书的美国游客约翰·李约德·斯蒂芬斯（他后来在南美丛林中发现了玛雅人的科庞城）来到了这个几近消失的城市，正如贝克哈特一样，斯蒂芬斯被突然展现在眼前的卡兹尼美景所震惊。不过经过了历史的洗礼，这些建筑当时已经面目全非了。

返回纽约后，斯蒂芬斯于1837年出版了《阿拉伯人佩特拉区游记》一书，他这样描述着卡兹尼石雕："一座神庙，精致清晰，宛如一颗嵌在岩石壁上的浮雕宝石。"该书出版后，得到美国诗歌评论家爱伦·坡的高度评价和赞扬，而一举成为美英两国的畅销书。诗人威廉·贝根也因此写下《佩特拉》一诗，萦绕人心的诗句使他流芳百世。20世纪的电影制片人史蒂芬·斯皮尔伯格有感人们对佩特拉的关注，实地拍摄了影片《印第安纳·琼斯和最后的十字军》，以截然不同的艺术方式再次使佩特拉美名远扬。伴随着佩特拉成为旅游胜地，世界各国的考古学家们也纷纷来到这里考察发掘。

如果说过去多年的研究都把注意力聚集在那些墓地上，那么今天的考古学家则对佩特拉人的生活方式越来越感兴趣。考古研究者们的发现表明纳巴泰人不仅搞贸易，还制造并且出口精美的陶器——他们的泥器细薄精致，装饰着树枝树叶之类的自然图案。也许他们的精品还有许多埋在佩特拉的废墟之中，等待后人去发掘。

20世纪90年代，佩特拉出土了东罗马帝国统治时期的拜占庭教堂的部分墙壁和整个地板，以及一套约40卷的羊皮纸卷，科学家们估计它们有1400多年的历史，可追溯到晚期的罗马时代。

佩特拉为什么会被遗弃？即便它失去了对商道的控制权，仍然可以幸存下来，那么为什么它又没有幸存下来呢？考古学家们分析，导致佩特拉城衰亡的可能是天灾。公元365年，一场地震重击了佩特拉城，震后，许多建筑沦为废墟；公元551年，佩特拉城再次遭受严重地震，也许那次地震震塌了拜占庭教堂；随后教堂又受到震后蔓延全城的大火袭击，记载城市历史的羊皮纸卷也就在火灾中被毁坏了。这座城市也开始走向衰落和隐没。

然而为什么许多城市都能在地震和火灾之后重建，而佩特拉却不能呢？科学家们认为环境恶化是导致佩特拉衰亡的因素之一，他们研究了大量的佩特拉贝冢，发现在早期的纳巴泰人时代，森林曾遍布佩特拉四周的山地；然而到了罗马时代，大量的森林消失了。人们为了建房和获取燃料砍伐了大量的木材，加上过分地放牧羊群，使森林和草地慢慢消失了，这个地区逐渐沦为沙漠。

不论何种猜测，佩特拉如同一本仅被读过几页的书，无论你走到佩特拉城的何处，你都会面对一些这样那样的谜，我们期望这座古老多变的城市会有更多惊人的发现！

扑朔迷离的示巴古国

世界上有史以来再版和印数最多的书，恐怕要属基督教神学经典《圣经》了。它既是文辞优美晓畅的文学佳作，也是读来饶有兴味的历史故事集。尤其是成书于公元1世纪的《旧约全书》，还含有较高的历史文献价值。但是，它也给人们留下了一些颇为难解的历史谜团，其中之一就是关于示巴女王和示巴古国是否确实存在的问题。

《旧约全书·列王记》第十章和《历代志》第九章中有这样一段记载：公元前10世纪中叶，当以色列王国在国王所罗门治理下国泰民安、兴盛至极的时候，异国君主示巴女王因仰慕所罗门的智慧和声名，在庞大的扈从队陪同下带着香料、宝石和黄金，浩浩荡荡地抵达耶路撒冷，拜见以色列国王。她向所罗门表示敬意，献上厚礼，并提出一些难题让对方回答。所罗门机智地作了解答，更使女王尊敬不已。所罗门对女王也热情相待，并在她回国前回赠了礼物。这段简短的记述非常精彩，示巴女王的出现引人注目。但是，这位女王来自何方？出身于哪个民族？《圣经》里再无其他描述。甚至她名字叫什么也无从得知。惟一可以推断的是，从女王携带的礼物来看。她统治的示巴王国是一个很富有的国度。《旧约全书·以西结书》第二十七章也明确提到，示巴王国是以从事香料、宝石和黄金贸易出名的。

示巴女王在《圣经》中偶然闪烁的神秘色彩，引起了历代史学家、文学家、行吟诗人和民间艺人的极大兴趣，由此而生的种种臆想、传说更显得浪漫离奇甚至荒诞不经。

在中世纪流传很广的一个传说里，示巴女王被说成是预见耶稣将受难于十字架的女先知。据传她在去耶路撒冷拜见所罗门的途中，曾遇到一座小桥，她的幻觉中突然闪现出救世主将被人用这座木桥上的板木钉死的可怕图景。于是她绕道而行，并虔诚地向这座桥祈祷祝福。所罗门得知这个不祥之兆后，立即命人把桥板取下深埋地底，以为就此万事大吉了。却不料后来仍被人挖了出来，成了恶人加害耶稣时所用十字架的板材。

十字架板成了恶人加害耶稣的凶器

除了这种神乎其神的传闻外，示巴女王在中世纪和文艺复兴时期的宗教艺术中，时而作为美丽的女王形象，时而又作为丑陋的女巫形象交替出现。在西欧许多国家现今所存的哥特式教堂里，人们仍可以看到表现内容迥然不同的女王形象。在法国的哥特式雕刻中，示巴女王还被不可理解地塑成一位跛足者。这究竟是当时人有史实依据的人物特征描写，还是凭人随意想象的艺术处理，就无从得知了。

在非基督教信仰的世界里，示巴女王的形象是基本上被丑化了的。犹太教的传奇故事，把示巴女王描绘成有着毛茸茸双脚的恶魔形象，并把她比喻为古代亚述和巴比伦神话中诱人堕落的淫妇。而在伊斯兰教的传说中，示巴女王受到了更大的贬斥，她被称为“比尔基斯”，意为妖怪，说她所行之事对人类来说大都意味着灾难。

在近代文学作品中，也不乏对示巴女王的想象与描写，又同样是褒贬不一。19 世纪法国小说家福楼拜的笔下，示巴女王是诱惑隐士的邪欲的化身。而在 20 世纪著名诗人叶兹的诗中，女王的才智和品德又成了被赞美的主题。

不过，在许多国家较为流行的民间传说中，示巴女王还是更多地被描绘成天生丽质、聪颖不凡的动人女性，并传说所罗门在耶路撒冷见到她的时候，就为其美丽的外貌和端庄的仪表所倾倒，两位互相爱慕的君主还结成了金玉良缘。埃塞俄比亚的传说中说，虽然所罗门对示巴女王一见钟情，却无奈女王对他无意。后来，所罗门设计引诱，才逼迫女王成婚的。他们在婚后生下一子名叫曼尼里克，以后随示巴女王而去。曼尼里克长大后到耶路撒冷拜谒父亲，并被封为埃塞俄比亚的第一代皇帝。有趣的是，直到这个非洲古国的末代君主——著名的海尔·塞拉西老皇帝在位时，他还以自己是示巴女王和所罗门的嫡传后裔自居呢。

有关示巴女王的这种种传说尽管充满了传奇色彩，但显而易见的是它们都缺乏考古或文字所提供的可靠依据。示巴女王是否确有其人，至今还是一个谜。

但示巴古国是否存在的问题，经过学者们长期的考察和新的考古发现证明，它已不再是虚无缥缈的传说，而是确有实据的事实了。

人们已初步断定《圣经》中提到的示巴王国位于濒临红海的阿拉伯半岛西面，在现今阿拉伯也门共和国境内。它是公元前 10 世纪兴盛一时的文明古国之一，在古代东方的发展史上曾起过积极影响。示巴古国由于紧靠当时的通商要道红海，同与红海相接的以色列、埃及、埃塞俄比亚、苏丹等结成了密切的贸易关系，商业一度十分发达。示巴古国盛产香料、宝石和黄金，这使它在产品交换中处于十分优越和有利的地位。据说，示巴商人当时已经会利用红海的季风之便远洋航行了。他们在每年 2—8 月海风吹向印度洋和远东时，便加大对这个地区的贸易运输量。等 8 月以后海风回吹时，他们又溯红海而上与以色列和埃及交往。这个季风的秘密长期未被泄露，直至公元 1 世纪时才被希腊人发现。示巴的陆路贸易也很发达，骆驼商队活跃在阿拉伯半岛和西亚的广阔地带上。

示巴王国有没有自己的首都呢？也是有的，据考证，就是现今阿拉伯也门共和国的东部城市马里卜，现在这个城市还是沿用着古代名称。公元前 1 世纪希腊史学家奥多勒斯，曾形容马里卜是一个用宝石、象牙和黄金做艺术品装点起来的城市。这种描写也许有些过分，马里卜故去的华美、繁荣从中也可窥见一斑了。

过去传说马里卜建有一个规模巨大的蓄水坝。水坝都用大石块铺砌，

石块之间密接无缝，显示了示巴人民高超的建筑和工艺水平。这座水坝对马里卜和周围广大地区人民的生活和生产，起到了防范洪水冲击和提供灌溉系统的良好作用。这座水坝维持供水达12个世纪之久，公元543年，因年久失修而塌陷。现在马里卜发现的水坝遗址，使古老的历史传说也有了生命力。人们还在马里卜郊外沙丘上发现了一处设计奇巧的建筑物废墟，考古学家们证实它是公元前4世纪所建的“月神庙”，当地人把它称为“比基尔斯后宫”，而比基尔斯是他们对示巴女王的称呼。后来，人们总想找到那位神秘女王的踪迹，但从挖掘出的刻石和文物中却寻觅不到她的倩影。

不少“示巴迷”们认为，这个古王国的居民来自幼发拉底河一带的闪米特人部落。他们崇拜太阳、月亮和星星，所用文字和字母与古代腓尼基人相近，与古代埃及手抄本的文字也有相同之处。这或许能够说明，古代不同国家和地区之间有着共同的、紧密的文化联系。今天人们在埃塞俄比亚也发现了那里有着同也门境内相似的月神庙建筑遗址，这大概说明了示巴文化对邻近各国曾有着广泛和重要的影响。

示巴古迹的发掘，已透射出这个文明古国的奇光异彩。但失落的示巴文化这个历史之谜，还远未全部揭开。

密林中的吴哥城

1861年，法国生物学家亨利·墨奥特来到法国领地印度支那半岛（即中南半岛）的高棉，寻找珍奇蝴蝶的标本。

为深入高棉内地，他雇请四名当地土著充当随从，开始进入一大片阴暗深沉的丛林区，他的心中挂念的只是能捕获一只稀世罕见的蝴蝶品种，让世人惊奇。他们一行沿着中南半岛的湄公河逆流而上，约走了480千米，然后利用小船由湄公河支流深入内地，到达高棉的金边湖。一路上奇景异兽使墨奥特开足了眼界，太多少见的植物、昆虫在这未开化的丛林地带展现生命的光彩，然而随行的土著似乎很烦躁，甚至有些恐惧，在走了一大段路后，他们竟然停了下来，不愿再向前走。

“主人！我们只能跟随您到这里，再向前……”

“再向前怎样？你们看我专程由外国来到此地，到现在连一只蝴蝶都没捉到，如果现在就这样空手回去，岂不是前功尽弃，所有的辛苦都白费了吗？再说……”

“可是主人……”仆人争先恐后抢着说道，“……前面那座密林里藏着许多幽灵，不但会令人迷路，还会用可怕的毒气把人杀死呢!”

“幽灵?”墨奥特心中不免一阵好笑，这些迷信的土人居然还深信在这个时代里有幽灵存在！但他只能鼓励胆怯的随从：“这个时代怎么还会有幽灵？就算真有，我们这么多人，还怕不把幽灵吓跑啦？要是能够把幽灵抓住，不但比捉蝴蝶来得有趣、刺激，你们更可成为其他人心目中的英雄，还怕什么?”

土著并未被说服，反而一个劲地恳求默奥特也别冒险：“主人！这可不是开玩笑的，就是因为丛林里有魔鬼的咒语，所以几百年没有人住的一座大城堡仍然孤立着……”

“你说什么？有一座大城堡?”

“是的，主人，那座城堡有这么大……”

墨奥特看着表情严肃的土人比划着，眼睛瞧着远处的茂密丛林，心中浮起一股好奇之心，“丛林中居然隐藏着一座大城堡，如果公之于世，岂不举世震惊!”想着想着，他连捉蝴蝶的欲望都消失了。

“这样吧，我给你们加倍的钱，你们再陪我往前走一走，探个究竟好吗?”

勉为其难的随从，怀着战战兢兢的心情，小心翼翼的再向前走，可是灰暗的树荫遮蔽云日，幽暗的丛林四处有绊人的树根，匍匐在地上的毒蛇随时都有攻击人的可能，不知名的昆虫任意叮咬着五个人的皮肤，使人心惊胆战，四名随从先前在虚名重利的引诱下还鼓着勇气往前走，现在一个个手脚都瘫软无力，“主人！请不要再往前走，我们回去吧！我们再也不敢向前走了，这会触怒恶魔幽灵。即使你给我们再多的钱，我们也不干……”

墨奥特无奈，只得要求随从再走最后一天。如果没有发现古城，那就打道回府。

在这蛮荒的丛林搜寻了 5 天，什么也没发现，墨奥特只得率同仆人折回，就在此时，忽然 5 座石塔呈现在他们眼前，尤以中央那座最高、最宏伟，塔尖映在夕阳里，闪闪发光。

墨奥特惊叫着奔向前去，一览这座埋藏在丛林中的古城。这就是闻名的吴哥城，古名禄兀。

吴哥城占地面积东西长1 040米，南北长 820 米，堪称一座雄伟庄严的城市，几百座大胆设计的宝塔林立，周围更有宽 200 米的灌溉沟渠，好像一条“护城河”守卫着吴哥城。建筑物上刻有许多仙女、大象及其他浮雕，尤以 172 个人的“首级像”显得壮盛雄伟。在这座古城中有寺庙、宫

殿、图书馆、浴场、纪念塔及回廊，表示当年在此兴建都市的民族必定是个文化颇为发达，并有高超建筑技术，因为这里有世界最伟大的建筑之一。

墨奥特虽然想揭开古城的秘密，但却因染患热带热病而过世，后来由法国方面继续探索。原来在公元 12 世纪，吉蔑人在丛林中兴建了吴哥城，并于 13 世纪达到盛世。其兴盛的状况是由一位中国商务使节兼旅行家周达观公布的，他在 1296 年抵达吉蔑首都，对这个隐藏在丛林中的帝国做了详细的介绍。

在吴哥城门口，除了狗和罪犯之外，任何人都可自由出入由兵士驻守的城门。那些王宫贵人们，居住在用瓦覆盖的圆形屋顶，且都是面向旭日初升的东方的楼上，而奴仆则在楼下忙于工作。

巴容神殿中有 20 多座小塔和几百间石屋围绕着一座黄金宝塔，神殿的东边则由两头金色狮子守卫着金桥，处处都显出吉蔑帝国丰盛的财力。

国王更是尊贵，他穿着富丽堂皇的绸缎华服，头上时而戴着金冠，时而戴着以茉莉花及其他花朵编成的花冠。身上的佩戴更是举世名珍，珍珠、手镯、踝环、宝石、金戒指……当其他大使或百姓想见国王时，便在国王每日两次坐朝时，席地而坐地等待。在乐声中一辆金色车子载来国王，此时有螺声大响，巨僚官属须合掌叩头，等到国王在传国之宝——“一头狮子皮”上坐定，螺声停止，众人才敢抬头瞻望国君之威仪，并将诸事奉告……

以上之细节可从周达观所著《真腊风土记》里窥视全貌，得知吉蔑帝国不但有富庶的国力，而且是个有秩序、有法律的民族，人口达到 200 万。

然而 1431 年，暹罗人以 7 个月的时间，攻陷吴哥城，搜刮大批战利品而去。第二年他们再度光临吴哥城，却发现这里变成一座空旷的“无人城”，不但没有半个人影，连牲畜也不见踪影，究竟这些人到哪里去了？

传说纷起，有人认为可能有一场可怕的传染病侵袭吴哥城，大部分居民都相继死亡，侥幸生存者将死者焚毁以避免流行，然后怀着哀伤的心情远走他乡；又有人认为国内发生过一场大规模内乱，国民互相残杀，所有的人都被杀戮一空。然而却没有一具尸体被发现！实在太不可思议了！还有一说是暹罗大军攻占吴哥城之后，将所有的居民强行带到某地去做奴隶，然而难道稚子、病弱者、老迈的人也能充当奴隶？

非洲的古文明奇迹

FEI ZHOU DE GU WEN MING QI JI

人类始祖在何方

几十年里，在非洲的四次发现如冲击波似地震动了人类学领域，因为它们向那些长期被认可的关于人类起源及进化历程的理论发起了挑战。

第一次是在肯尼亚，发现了一个距今已有280多万年的人的头盖骨和骨骼；第二次是在南部非洲一个名叫边境洞穴的矿井中（位于斯威士兰和纳塔尔之间的边境上），发现了曾居住过的现代类型的人——大约生活于公元前10万年；第三次是在坦桑尼亚，发现了一些类似人的牙齿和颚骨，据称已有375万年的历史；第四次发现是在埃塞俄比亚，一具名为“露西”的骨骼已被确定有将近400万年的历史，它的发现弥补了“进化史上断裂的链环”。这个人类和类人猿两者的共同祖先大约死于100万年之前。

根据以往的进化学说，第一个可称之为人的灵长动物，直到100万年前才进化成“直立的人”。然而从肯尼亚的东鲁道夫·贝辛地下发掘出的那些骨骼，不仅被判定为是近300万年之前的，而且其形状之接近现代人，大大超过了人们过去的推测。

在南部非洲边境洞穴的年代久远的骨骼旁还发现了一些人工制品。这表明当时的人类已具有发达的智力，早在很久以前便迈上了文明之路。这也超出了原先的估计。边境洞穴的居住者制造出了许多很精致的工具，其中包括一些加工得很漂亮的玛瑙刀

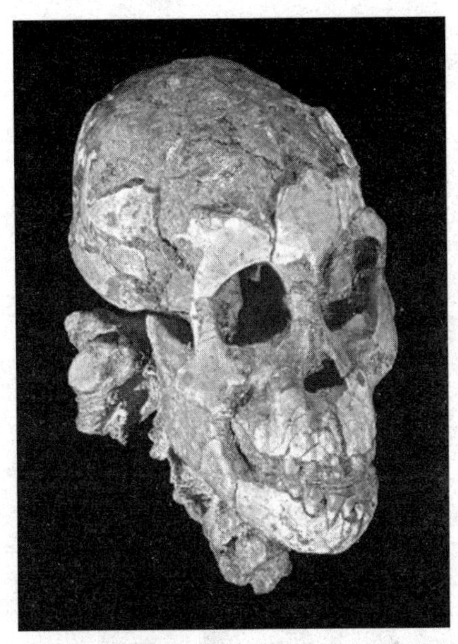
280 万年前的人类头盖骨

子，其锐利的刀刃可以切开薄纸。

他们也具有宗教信仰，并相信来生，因为一位幼儿的身体还残留着葬礼的痕迹。他们肯定使用着相当发达的语言，因为如“不朽”这类十分抽象的概念显然是不可能以咕哝声和手势来表达的。

两位年轻的史前考古学家埃德里安·博希尔和彼得·博蒙特在探索热情的鼓舞下，领导了边境洞穴几次重要的发现。1970 年 12 月，他们从地底下挖掘出 30 万件人工物品，同时还有一些碳化的兽骨，其中许多生物早已灭绝了。

地面一堆灰烬覆盖中的木炭，它的年代比那块发现了一个儿童骨骼的地层的年代要短得多，经验表明已超过 5 万年。石工具和赭石地面下的基岩表明，这座大洞口于 10 万年前可能就已被占用了。

这座洞穴的环境对于长期保存遗留物十分理想，甚至连那些作为床上用品的细树枝、树叶、青草以及羽毛都保存了下来。博希尔为此作了调查，并认为“实际上，我们发现的每样东西，都比书本上说的保存期限要长 3 倍”。石制箭头的发现表明，早在 5 万年前，就已发明了箭。而它在欧洲的出现，却仅仅是公元前 15000 年的事。

凭着在爪哇和北京附近发现的有 50 万年历史的头盖骨的证据，许多科学家确信人类的始祖在亚洲，而后向西迁徙。在进化的蓝图上，非洲并没有担任角色。

尽管雷蒙德·达特教授于 1924 年就在非洲发现了一个更古老的人骨，然而直到英国人类学家路易斯和玛丽·利基在坦桑尼亚奥杜瓦伊峡谷的一次丰富发现，以及美国人类学家唐纳德·约翰逊和蒂莫西·怀特在埃塞俄比亚阿法尔地区的发现之后，这一假设才得以确立。

1959 年，利基等人发现了一个近 200 万年前的头盖骨，它与达特发现的人属于同族，从而震惊了世界。

1960 年，他们发现了另一个史前人的颅骨和下颚，同时还有一些显然是用来制作武器的凿过的石头工具。他们给这个人起名为“巴比利斯人”（意即具有灵巧双手的人）。

若干年后，他们发现了更为进化的“直立的人”的碎片，这是第一个被确认会使用火的人。后来发现他和爪哇人和北京人属于相同的种类，但比后者要早 50 万年。

1975 年，玛丽·利基报道了有关坦桑尼亚史前人类的更进一步发现，即根据放射性探查，已确定他们有 375 万年的历史。

1979 年，约翰逊博士和怀特发现了一些历史久远的人骨，他们的脑袋很小，与猿猴的脑袋相差无几。发现者称这种亚科为南方古猿属，距今已有 360 万或 370 万年的历史。

随后于 1982 年，杰·德斯蒙德·克拉克和蒂莫西·怀特公布了还是在埃塞俄比亚的发现——一块股骨和一块前额骨的残片，它们看上去属于同样的种类。

也许还需要若干年，人类学家才能对这些发现做出估计，但奇迹般的人类发展的源头，最有可能是在非洲，而不在亚洲。

撒哈拉沙漠壁画

撒哈拉沙漠是世界第一大沙漠，那里气候炎热干燥。然而，令现代人迷惑不解的是，在这极端干旱缺水、土地龟裂、植物稀少的旷地，竟然曾经有过高度繁荣昌盛的远古文明。沙漠上许多绚丽多姿的大型壁画，就是这远古文明的结晶。今天人们不仅对这些壁画的绘制年代难以稽考，而且对壁画中那些奇形怪状的现象也茫然无知，成为人类文明史上的一个谜。

1850 年，德国探险家巴尔斯来到撒哈拉沙漠进行考察，无意中发现岩壁中刻有鸵鸟、水牛及各式各样的人物像。1933 年，法国骑兵队来到撒哈拉沙漠，偶然在沙漠中部塔西利台、恩阿哲尔高原上发现了长达数千米的壁画群，全绘在受水侵蚀而形成的岩石上，五颜六色，色彩雅致、调和，刻画出了远古人们生活的情景。此后，世人将注意力转到撒哈拉。欧美一些国家的考古学家纷至沓来。1956 年，亨利·罗特率领法国探险队在撒哈拉沙漠发现了 1 万件壁画。翌年，将总面积约1 080平方米的壁画复制品及照片带回巴黎，一时成为轰动世界的奇闻。

在壁画中还有撒哈拉文字和提裴

那古文字，说明当时的文化已发展到相当高的水平。壁画的表现形式或手法相当复杂，内容丰富多彩。从笔画来看，较粗犷朴实，所用颜料是不同的岩石和泥土，如红色的氧化铁，白色的高岭土，赭色、绿色或蓝色的页岩等。它们是把台地上的红岩石磨成粉末，加水作颜料绘制而成的，由于颜料水分充分地渗入岩壁内，与岩壁的长久接触而引起了化学性变化，两者融为一体，因而画面的鲜明度能保持很长时间，几千年来，经过风吹日晒而颜色至今仍鲜艳夺目。这是一种颇为奇特的现象。

在壁画中有很多人是雄壮的武士，表现出一种凛然不可侵犯的威武神态。他们有的手持长矛、圆盾，乘坐在战车上迅猛飞驰，表现出征场面；有的手持弓箭，表现狩猎场面；还有重叠的女像，表现嬉笑欢闹的场面。在壁画人像中，有些身缠腰布，头戴小帽；有些人不带武器，像是敲击乐器的样子；有些似作献物状，像是欢迎“天神”降临的样子，是祭神的象征性写照；有些人像均作翩翩起舞的姿势。从画面上看，舞蹈、狩猎、祭祀和宗教信仰是当时人们生活和风俗习惯的重要内容。很可能当时人们喜欢在战斗、狩猎、舞蹈和祭祀前后作画于岩壁上，借以表达他们对生活的热爱或鼓舞情绪。

壁画群中动物形象颇多，千姿百态，各具特色。动物受惊后四蹄腾空、势若飞行、到处狂奔的紧张场面，形象栩栩如生，创作技艺非常卓越，可以与同时代的任何国家杰出的壁画艺术作品相媲美。从这些动物图像可以相当可靠地推想出古代撒哈拉地区的自然风貌。如一些壁画上有人划着独木舟捕猎河马，这说明撒哈拉曾有过水流不绝的江河。值得注意的是，壁画上的动物在出现时间上有先有后，从最古老的水牛到鸵鸟、大象、羚羊、长颈鹿等草原动物，说明撒哈拉地区气候越来越干旱。

那么，在今天极端干燥的撒哈拉沙漠中，为什么会出现如此丰富多彩的古代艺术品呢？有些学者认为，要解开这个谜，就必须立足于考察非洲远古气候的变化。据考证，距今约3000—4000年前，撒哈拉不是沙漠而是湖泊和草原。约6000多年前，曾是高温和多雨期，多种植物在这里繁殖起来。只是到公元前 200 年至公元300 年左右，气候变异，昔日的大草原终于才变成沙漠。是谁在什么年代创造出这些硕大无比、气势磅礴的壁画群？刻制巨画又为了什么？

尤其令人不解的是，在恩阿哲尔高原丁塔塞里夫特曾发现一幅壁画，画中人都戴着奇特的头盔？其外形很像现代宇航员的头盔。为什么头上要罩个圆圆的头盔，这些画中人为什么穿着那么厚重笨拙的服饰？

说来也巧，美国宇航局对日本陶古的研究结果，竟然意外地披露了一些撒哈拉壁画的天机。

日本陶古，是在日本发现的一种陶制小人雕像。陶古是蒙古服的意思。这些陶古曾被许多历史学家认定为古代日本妇女的雕像。可是经过美国宇航局科研人员鉴定，认为这些陶古是一些穿着宇航服的宇航员。这些宇航员不但有呼吸过滤器，而且有由于充气而膨胀起来的裤子。科学工作者的这个鉴定结果，除来自对陶古的认真研究外，还把一段神话传说作为参佐的依据。日本古代有个奇妙的关于“天子降临”的传说，有趣的是，恰恰在这个传说出现100年后，日本有了陶古。人们有理由认为，传说中的“天子”，也许正是外太空来的客人，而陶古恰恰是日本人民对这些“天子”——宇航员的肖像雕塑。假若日本陶古真的是宇航员，那么，撒哈拉壁画中那些十分相似的服饰，为什么不可能是天外来客的另一遗迹呢！

我们是无神论者，我们的国际歌中也写着“没有神仙和皇帝”。然而，上述垂手可及的种种证据，又确乎是我们地球人目前难以测知的实体。我们把超于人力的一切称之为神，那是因为我们认为外太空的生命有可能曾经在我们地球上留驻过，正像我们在月亮和火星上曾留下地球人的标志一样。这两者的区别，仅在于月球和火星上没有能够识别地球标志的生命而已。如果真有太空人的话，我们愿意把外太空生命留下的痕迹称之为神迹，那是因为这些痕迹给我们提供了许多值得探究的课题，给人类留下难解之谜。

狮身人面像之谜

狮身人面像面向正东，每年在春分与秋分这两天，可从正面看着太阳升起。石像蹲踞的姿态，就好像它在沉睡好几千年以后终于决定要提起脚步向前的样子。在地点的选择上，想必当时人曾做过非常仔细的考察测量，才决定了在这个俯视尼罗河谷的位置就地取材，取比附近的山丘要高

狮身人面像

上 9 米的石灰岩山头之石，雕成了狮身人面像的头和颈部分。山丘下侧的长方形石灰岩则被雕成身体，并为和周围的环境做成区隔，以凸显雕刻物，当时的建造者还特别在雕像的周遭挖了一条 5.5 米宽、7.6 米深的鸿沟，使得狮身人面像能够傲然独立，自成一格。

狮身人面像给人的第一个，也是最深刻的印象，便是它真的非常、非常的古老，不止如一般相信的和第四王朝的法老王那般，有个几千年历史的古老，而是那种真正的、非常遥远的、无法探知的古老。在各个历史阶段中的古埃及人，都是如此看待狮身人面像。他们相信狮身人面像会守护“肇始世界开始的吉祥地”，并认定它有“能够遍及全域的神力”，而对它加以崇拜。

这也就是公元前 1400 年左右，第十八王朝的法老图特摩斯四世立起“库存表石碑”时想要传达的讯息。至今仍然静静地站在狮身人面像的双爪之间的花岗岩制“库存表石碑”上记录道：在图特摩斯四世统治前，狮身人面像除了头以外，全部被埋没在沙土中，图特摩斯四世将沙土清除以后，便建立起这块石碑，以兹纪念。

在过去5 000年里，基沙高地上的风沙气候并没有重大的改变，也就是说，这些年来，狮身人面像和它的周围受到的风沙之害，应该不比图特摩斯四世的时代所遭受的更大。的确，从近代的历史中，我们不难看出，狮身人面像只要稍有疏忽，便可能被沙土埋没。1818 年，卡维格里亚上尉，为了他个人的挖掘计划，曾清除过一次狮身人面像上的沙土。到了 1886 年，玛斯佩罗为了挖掘遗迹，不得不再度清除。但是经过了 39 年后的 1925 年时，沙土再度将狮身人面像从颈部以下全部封住，迫使埃及考古厅出面，清除沙土，使它恢复原貌。

然而，我们是否可以推论，建造狮身人面像的年代，与今天的埃及气候大不相同？如果建造成这么大的雕像，但过不多久就会被完全埋没于撒哈拉沙漠的沙土中的话，何必还要建造呢？从另外一个角度来看，撒哈拉沙漠在地理上是个非常年轻的沙漠，基沙地域在11 000—15 000年前，土壤还相当肥沃。我们是否应该完全推翻以前的假说，从完全不同的角度重新思考？有没有可能，狮身人面像在基沙一带油绿葱葱的古老时代便已雕刻完成？有没有可能，现在风沙满天的沙漠地带，也曾有过遍地草木、土质安定的好日子，就好像今天的肯尼亚、坦桑尼亚一带一样？

假设当时的环境如上面所述般青葱的话，那么在那样的风沙上建造成一个一半在地上、一半在地下的石雕像，就不违背思考常识了。或许当时建造狮身人面像的人，并没有预料到基沙高地会日渐干燥，而有转化为沙漠地带的一天。

然而，狮身人面像如果真的建造在一片青葱之上的话，那该是多么多么久远前的事！我们能够想象得出来吗？

现代的古埃及研究学者对这种想法憎恶有加。不过，连他们也必须承认："没有任何直接的方法了解狮身人面像建造的日期，因为它们是从天然石中雕刻而成的。"在无法做进一步客观调查下，列那博士指出，现代考古学家只能从各种蛛丝马迹的前后对证来判断年代，而既然狮身人面像位于基沙古迹群，也就是最有名的第四王朝所在之地，因此一般学者便一口认定，狮身人面像属于第四王朝。

但是对于这样的推理，至少 19 世纪的一些著名古埃及学者并不以为然。他们曾一度提出狮身人面像在第四王朝出现很久很久以前便已建造完成的理论。

那么，狮身人面像到底建造于什么年代呢？这仍然是一个谜，有待于去进一步探索、研究。

有个观点认为，狮身人面像在埃及"古王国"时期建成，建造者是第四王朝的法老卡夫拉（其在位时间是公元前 2520 至公元前 2494 年；卡夫拉这个名字在后来的希腊文中读音也不同）。这是传统历史学观点，它出现在所有埃及学标准教科书、大百科全书、考古杂志和常见的科学文献中。这些文本都表示，狮身人面像的面部是照卡夫拉本人的模样来雕刻的——干脆说，狮身人面像的面孔就是卡夫拉国王的脸；这一点已被当成是历史事实了。

惟一的问题是，除非使用时光机，否则我们当中没有人可以论定狮身人面像到底像不像卡夫拉，即使是最杰出的埃及学家也不能，因为卡夫拉法老的尸体从来就未曾找到过，我们所能做的只有继续研究现存的一些雕像。在所有这些雕像之中有一件人尽皆知的、雕刻技艺达到登峰造极的佳品，那就是一尊黝黑的闪长岩雕像。这尊雕像现在正静静地躺在开罗博物馆底层的某个房间。学者正是以这尊惹眼而漂亮的雕像做参考，才信心十足地断言说狮身人面像像卡夫拉。

美国享有盛誉的《国家地理杂志》在 1991 年 4 月上刊登了一篇文章，文章特别明显地表露了这种信心。1992 年 4 月的英国《剑桥考古杂志》也刊出了一篇内容相似的文章。以上两篇文章都出于芝加哥大学东方学院的马克·莱纳教授之手。马克·莱纳利用"摄影光学数据和电脑图

像”“证明”了伟大的狮身人面像就是对卡夫拉面孔的临摹。他写道：

1978年担任基沙金字塔总指挥的扎希·哈瓦斯曾邀请我加入他们在狮身人面像周围一带进行的发掘工作，在那之后的4年里，我首次率领一班人有计划地对狮身人面像进行了详细测绘。我们用立体摄影技术，也就是摄影光学方法造出了狮身人面像的正面和侧面像……然而电脑的成绩更加可喜，测绘结果用数字输入电脑之后就出现了网状结构的3D立体模型(骨架)；再用260万个平面点就绘出了骨架图上的“皮肤”。我们绘制出的狮身人面像的模样可能恰似数千年前它的原样。为了获得面部造型，我把其他的狮身人面像和法老的雕像与绘制出来的狮身人面像做了比较。有了卡夫拉的面孔，狮身人面像便获得了新生……

这听起来倒是很动人、很有说服力，起码在技术手段上是这样。说来说去，他们有没有清醒地认识到，他们那基于“立体摄影技术”和“摄影光学”的“260万个平面点”到底能说服谁呢？

抛开那些技术专业用语来看，事实并非那么吓人。细细研读莱纳的文章，我们发现，为了“重塑”狮身人面像的容貌，莱纳所做的无非就是用电脑给狮身人面像画一幅网状结构的3D立体骨架图，再用卡夫拉的面孔套在骨架模型上，这一点是发表在《国家地理杂志》上的那篇文章告诉我们的。这篇文章附有用闪长岩雕成的卡夫拉国王雕像的照片。照片下面的文字说明是：“本文作者莱纳用此雕像的面孔在电脑上再造狮身人面像。”

这样看来，马克·莱纳真正所做的就是凭自己的意愿在电脑上再造狮身人面像的面貌，他的这种作法无异于在他之前的古埃及人数度试图再造狮身人面像的做法。换句话说，狮身人面像今天的面貌特征不大像卡夫拉的面貌，而更像其他许多法老，例如，图特摩斯四世，或者安曼贺泰普四世、拉美西斯二世（正如莱纳承认的那样，这位拉美西斯约在公元前1279年“全面重建”了伟大的狮身人面像，他也是我们所知的最后一位重建狮身人面像的国王）。简单而明了的事实是这样的——在狮身人面像存在的几千年历史当中，时常只有头颅露出沙滩。这样，几乎什么人都可以随时在它的面部敲打两下。再者，莱纳的摄影光学分析结果至少也可以证明一点，那就是他在文章中提到的，狮身人面像的头颅与其躯体相比“太小了”。这就使人想到狮身人面像曾被人大规模重塑过。莱纳解释说，现在的头是以前广为流传的甚成比例的狮身人面像造型的原型，他认为“第四王朝的人或许并未拟订出国王的头与伟大的狮身人面像头顶上的报应女神头饰之间恰当的比例尺寸”。可是，莱纳没有认知到狮身人面像的头颅曾经很大，甚至可能像真正的狮子的头，不过后来因为重雕而变小了，这种可能性不仅是有根据的，而且还很有吸引力。

莱纳在与此相关的问题上提出的另一个观点可能是疏忽大意的。他说，“伟大的狮身人面像头颅的中心轴与其面部五官的中心轴之间”存在着“些微的偏差”，也就是说，头是正对东方，而五官则稍稍偏北。

这里莱纳还是忽视了人们对一尊年深日久、严重腐蚀的雕像重新雕刻的可能性。在狮身人面像历史的问题上，莱纳又忽视了地质学的最新论点。撇开莱纳的缺点不说，让我们看看他的文章说明了什么。莱纳利用“高级研究逻辑电脑和自动成像”方法可以将卡夫拉的容貌移接到严重受损的狮身人面像的面部，这只能说明，只要有良好的电脑成像系统，谁都可以把一个人变得像另一个人。用一位心直口快的评论家的话说，“用同样的电脑技术可以‘证明’狮身人面像原来就是猫王……”

1993 年，一批独立的学者为了解开狮身人面像这个死结而出了一个绝招，他们带了一位侦探到埃及。这位侦探就是纽约警察局法医高手弗兰克·多明哥。此人 20 多年来一直在研制一种犯人肖像“鉴别器”，他每天的工作就是分析和研究各式各样的人脸。于是，人们要他详细研究狮身人面像和卡夫拉两者之间的异同之处。数月之后，他从埃及回到纽约自己的工作室，仔细比较了这两种雕像的上千张照片。他最后汇报自己的分析结果说：

透过反复分析研究我绘出的图形和测得的数据，我得出的结论与我最初的直觉不谋而合，也就是，这两种雕像各有所表。狮身人面像，从正面看的五官比例尺寸，特别是从不同的侧面看，其五官的角度和面部突出的尺寸，都使我坚信，狮身人面像不是卡夫拉……

到此为止，我们一边有法医高手，弗兰克·多明哥，他告诉我们，狮身人面像的面孔不是卡夫拉的面孔；另一边则有埃及学电脑专家，马克·莱纳，他认为用卡夫拉的面孔就可以让狮身人面像“获得新生”。

那么，狮身人面像面孔的原型到底是谁呢？这也是狮身人面像身上的一个大秘密。

远古的石像是否曾被特大的洪水浸没过，这是揭示石像产生的重要依据。这场争论的起源可以追溯到 20

世纪 70 年代。当时，美国一位独立从事研究工作的学者约翰·安东尼·韦斯特，正在着手研究杰出的法国数学家、象征主义者施瓦勒·德拉布里奇晦涩难懂的作品。施瓦勒以其对鲁尔苏尔庙的论著而著称。他在 1961 年发表的《神圣科学》一文中评论说，考古学发现暗示我们："12 000年以前很少有困扰着埃及的气候和洪水。"他写道：

"在洗劫埃及大地的一次次特大洪水来临之前，一定有一段规模庞大的历史文明期。这一推测使我们确信，狮身人面像在那段文明时期就已经存在了。这尊矗立在基沙西部高崖上的雕像，除头部之外，整个狮身都现出无可争辩的水浸迹象。"

施瓦勒简单明了的结论以前并未引起任何人的注意。这一结论明显抨击了埃及学领域广泛认为狮身人面像是由卡夫拉在公元前 2500 年建造的这一观点。韦斯特在读到施瓦勒的这段话之后便认识到施瓦勒从地质学角度提供了一条探索的途径。从这条途径出发就可以"真正地证实，早在古埃及王朝文明以及其他所有已知的人类文明的数千年以前，可能已经存在过另一个文明期，或许其规模比后来的都大"。

韦斯特还说："要是能证实狮身人面像受过水浸这一点，便会推翻所有世人已接受的人类文明编年史，也会迫使我们对支撑整个现代教育的'历史过程'的种种假设重新定论，并迫使我们去面对由此而引起的激烈争论。然而，从石刻古迹上很难发现问题，就算是很简单的问题……"

韦斯特对从考古学角度得出的结论的理解是正确的。如果狮身人面像表面的一切变化部位能证明是水浸的结果，而不是像埃及学家们一直认为的是风沙吹蚀的结果，那么，已经建立起来的编年史就要面临被推翻的危险。要理解这种推断，只要牢记下面这两点就够了：首先要记住，远古的埃及的气候并非像今天这样始终都异常干燥；另外一点就是，比起莱纳和其他一些人认定的狮身人面像"背景建筑群"的理论，韦斯特和施瓦勒提出的狮身人面像侵蚀模式更加完善优秀。韦斯特和施瓦勒提出的狮身人面像的这个变化特征，是基沙遗址的某些古迹所不具备的。这种变化特征的提示清楚地告诉我们，只有部分建筑是在同一时期建成的。

但这是哪一个时期呢？

韦斯特最初认为：理论上不排除狮身人面像受过侵蚀的可能。因为大家早就一致认为，过去埃及曾多次受到海水和尼罗河特大洪水的困扰。就在不那么遥远的古代还出现过一次这样的洪灾，人们认为这是最近一次冰季冰川融化而造成的。一般人认为，最后一次冰季的时间是在公元前10500年前后，而尼罗河周期性的大洪水就发生在这之后。在公元前10000年前后发生的那次大洪水是最后一次。因此可以推断，如果狮身人面像受过水浸，那它一定是在洪水发生之前建成的……

从“理论上”看，韦斯特的这种推断确实站得住脚。可是，正如韦斯特后来所承认的，实际上狮身人面像所受到的不同一般的腐蚀作用并非是“洪水”引起的。

他后来认为，问题是狮身人面像的脖颈以下已经腐蚀得很厉害。如果这种腐蚀是由水引起的，那就是说，在整个尼罗河流域至少有18米深的洪水。很难想象发生这样大的洪水会是什么样的景象。这种假设如果成立则更糟，因为狮身人面像堤道的另一端，即所谓的丧葬庙里面的石灰质岩心石，也已经受到侵蚀。这就是说，洪水已爬到金字塔的底座，也就是，有49米高的洪水……

埃及政府采纳了西方一些埃及学家的建议，自1993年开始禁止在狮身人面像周围一带进行任何地质学或地震学研究工作。这项决定实在不可思议，因为斯科克的研究结果已产生了重大影响。更不可思议的是，斯科克独创论点尚未遇到有凭有据的公开挑战。这位波士顿地质学家几年来顶住了来自同行的一次又一次抨击，多次成功地捍卫了自己的论点。斯科克坚持认为，狮身人面像表面以及壕坑内壁独特的侵蚀模式（狮身人面像壕坑内壁布满了很深的竖直裂缝和高高低低的平的坑凹），成了“石灰质古迹在历经数千年雨水之后会受到何等侵蚀程度的一个有教育意义的典型例证……”斯科克进一步说，如果用我们已经了解的基沙一带的古代气候背景去分析雨水侵蚀的观点，那就可以充分证明“伟大的狮身人面像的历史要比传统认为的公元前2500年早得多……我只是跟着科学在走，科学告诉我这一结论：狮身人面像的历史比以前认为的要早得多。”

斯科克自然尚未证明狮身人面像属于公元前7000年—前5000年之间，韦斯特尚未证明他认为的更早的历史时期，传统埃及学也尚未证明狮身人面像到底是否属于卡夫拉王朝和公元前2500年的那个时代。换句话说，目前尚无可能用任何合乎情理的标准来给这一独特古迹的确切归属和历史下最后的定论。狮身人面像之谜仍未解开。

埃及金字塔之谜

在古代世界有“七大奇迹”，埃

及的金字塔被誉为“七大奇迹”之冠，其中最为壮观的一座叫胡夫金字塔，它建于公元前2600年左右，高约146.5米，塔基每边长232米，绕一周约1千米，塔身用260万块巨石砌成，平均每块重2.5吨，时近5000年，经历了多少个世纪的风风雨雨，它仍傲视长空，巍峨壮观，令人赞叹！

埃及共发现金字塔80座。这些大大小小的雄奇建筑，分布于尼罗河两岸，其中最高大最著名的就是胡夫大金字塔，它修筑于4500年以前，是人类有史以来最大的单个人工建筑物。

胡夫大金字塔耸立于开罗以西10千米外的吉萨高原。那儿荒砂遍地、碎石裸露，是一片不毛之地。在这种地方修筑这样一座显然并非出于实用目的的建筑，设计者的目的究竟是什么？据研究，这座金字塔可以在风沙弥漫中继续存在10万年而不会损坏，这个时间结束以前人类文明可能已经不复存在。

20世纪20年代以来，大批科学工作者来到埃及。他们以诧异的眼光望着这座庞然大物。古代埃及人如何把石块雕琢并砌成陵墓，陵墓内部的通道和墓室的布局宛如迷宫，古代埃及人究竟是用什么办法设计它的。陵墓的通风道倾斜深入多层地下，石壁光滑，刻以精美华丽的浮雕，令游人叹为观止，但谁也弄不清古埃及人何以掌握如此精湛的挖掘雕刻技巧，不知他们运用怎样精良的加工工具。要知道在4500年前，那时候人类尚未掌握铁器。

令专家们更不可思议的是建造这座金字塔需要多少劳动力？据估计，建造金字塔时，埃及当时的居民必须是5 000万人，否则难以维持工程所需的粮食和劳力。当专家翻开历史的册页时，便发现问题更难以让人理解了，公元前3000年全世界的人口只有2 000万左右。

进一步研究的情况还表明，众多的劳动力必须在农田上耕耘，以保证旷日持久的工地上要有足够的粮食。他们都要吃饭，而地势狭长的尼罗河流域所能提供的耕地，似乎不足以维持施工队伍的需求。这支施工队伍少在几十万人，最多时可达百万人之多，他们之中不仅要有工程人员、工人、石匠，还要有一支监护工程施工的军队、大批僧侣，以及法老们的家族。单靠尼罗河流域的农业收成，能维护工程的需求吗？

令人惶惑之处还在于古埃及人用什么运载神殿所需的巨大石料。传统的看法认为，古埃及人利用滚木运输。这种最原始的办法，固然能将庞大的石料运抵工地，但滚木需要大树的树干才能做成，尼罗河流域树木稀少。在尼罗河岸分布最广、生长最多的是棕榈树，但古埃及人既不可能大片砍伐棕榈树，而且质地松软的棕榈树干是无法充当滚木的。因为棕榈树的果实是埃及人不可缺少的粮食来源，棕榈树叶又是炎热的沙漠中惟一可以遮阳的材料。大规模砍伐棕榈树，埃及人等于在做自杀的蠢事。

那么，埃及人很可能从域外进口木材？提这样设想的人并没想到，从外地输入木材就意味着古埃及人拥有一个庞大的船队，渡海将木材运抵亚里山大港后，还得溯尼罗河而上、将木材转运到开罗，从开罗装上马车送到工地。且不说4500年前埃及人是否拥有庞大的船队，光说陆途运输的马车，还是在金字塔建成后的 900 年才出现在埃及的土地上。

据测算，大金字塔是由 260 万块每块重约 10 吨的石块堆砌成的。塔身的石块之间没有任何水泥之类的黏着物，历经4 500年的风风雨雨，其缝隙迄今仍相当严密，一把锋利的尖刀都难插入。如此精湛的工艺，出自4 500年前古埃及的工匠或者奴隶之手，的确叫人难以置信。

其次，认为金字塔仅仅是埃及法老陵墓也同样是让人难以接受的。暂且不说这 260 万块巨石如何采掘，单说把它们堆砌起来就是一件难以想象的事情。如果每天筑砌 10 块巨石，那么，完成这个建筑所需的时间为 26 万天，即 700 年的时间。我们还可以加速工程的进程，如果每天筑砌 100 块巨石，那么，完成这个建筑所需的时间为26 000天，即 70 年。如此简单的数字，相信埃及法老们是可以算得出来的，那么，他们为什么要建造这个自己无法享用的陵墓呢？

如果说是谁建造了金字塔令我们迷惑不解的话，那么，金字塔本身涵盖的科技知识的广博则更令我们赞叹不已！

因为金字塔与天文学、数学有着一种现代人难以理解的联系。建造大金字塔的目的在于为整个人类确定一种度量衡体系。

大金字塔的长度单位是根据地球的旋转大轴线的一半长度而确定的，即大金字塔的底是地球旋转大轴线一半长度的百万分之十；这座大金字塔同时确定了法寸的长度与公亩的边长；人们可以从中找到 1 寸的长度，它与普鲁士的古尺相等；大金字塔的重量单位或容量单位是以上述的长度单位与地球的密度组合而成；大金字塔的热量单位是整个地球表面的平均温度；时间的单位与一周 7 日的分法也在其中得到表现；大金字塔为希伯来人所建，希伯来人生活在受神灵启示的时期和古代父系制时代。

另外，大金字塔内那间陈放法老灵柩的墓室，其尺寸为2：5：8和3：4：5，这个数字正好是座标三角形的公式。公式发明人是古希腊的哲学家毕达哥拉斯。而毕达哥拉斯诞生时，金字塔早已建好2000年。

还有，大金字塔的选址更颇有意味——子午线正好从金字塔中心穿过，也就是说它坐落在子午线的中间。这似乎可以窥见金字塔的建造者，为什么要选在沙漠中这块独特的岩石地带作为塔址。这片岩石地带有一道V字形的天然裂缝，正好利用它来建造巨大的陵墓。而且，金字塔坐落的地方，正好可以把陆地和海洋分成相等的两半。不是对地球构造、陆地和海洋分布了若指掌的人，是不可能选择这里作为塔址的，而古埃及法老们有这个能力吗？

越来越多的学者发现金字塔有着挖掘不尽的科学含义。1949年一位德国学者提出，用金字塔的数学资料可以轻而易举地推算出地球的半径、体积、密度及各星球运行的时间，甚至男人和女人的生命周期。当人们尚对此说瞠目结舌时，法国一位更前卫的学者在1951年提出了更加玄奥的问题："大金字塔是否包含了原子弹的方程式？"

最近，在埃及更有惊人的发现，考古学家称金字塔内藏有外星人或生物。保罗·加柏博士与其他考古专家，对埃及金字塔的内部设计技术进行研究时，偶然发现塔内密室中藏有一具冰封的物件，探测仪器显示该物件内有心跳频率及血压显示，相信它已存在5000年。专家们还认为，冰封底下是一具仍有生命力的生物。科学家们又据该塔内发现的一卷用象形文字记载的文献获知，约距今5000年前，有一辆被称为"飞天马车"的东西撞向开罗附近，并有一名生还者。该卷文献称"生还者"为设计师，考古学家相信这外太空人便是金字塔的设计及建造者，而金字塔是作为通知外太空的同类前往救援的记号。但令科学家们迷惑不解的是，那外太空人如何制造了一个如此稳固、不会溶解的冰格，并把自己藏身于内？

在全世界研究金字塔的浪潮中，真是一谜未解，一谜又起。说法越来越多，也愈来愈离奇，被它吸引的人也日益增加。近30年来，忽然又冒出一项所谓"新发现"，这项"新发现"就是当前蜚声欧美各国的"金字塔能"。它说的是金字塔形的构造物，其内部产生着一种无形的、特殊的能量，故称之为"金字塔能"。据说，这种能量有着许多用途和奇特的功效。

1970年，杜拜尔与他人合著的《在铁幕背后的惊人发现》一书问世。

书中汇集了他多年来研究“金字塔能”的全部论文。该书很快地被译成多种文字，开创了研究“金字塔能”的先河，在西方掀起了一股试验“金字塔能”的热潮。各种专业的学者和金字塔迷纷纷用马粪纸、塑料、木板、玻璃制作金字塔模型，对它的特性进行了广泛的研究。有一些国家建立了“金字塔产品公司”，专门出售大大小小的金字塔模型，供试验用。有关“金字塔能”的论文和著作大量地发表、出版。1973年，在美国的华盛顿成立了专门收集各国研究“金字塔能”成果的征集机构。在研究“金字塔能”的书籍中，比较出名的有《大金字塔的秘密》、《金字塔能》、《神秘的金字塔能》、《金字塔的心理动力》等。这些书大多介绍用金字塔及其他形状的模型进行各种实验和各方面的“科研成果”。

所谓的“金字塔能”究竟有没有？它是怎样产生？又是如何引出上述种种神奇的效果？为什么它正好聚集于胡夫殡室的位置上，即塔高三分之一的地方？这是巧合，还是古人已掌握了这种能源？各国的金字塔信徒们正在千方百计地寻求它的谜底。他们大多认为，“金字塔能”是当代科学还不能解释的“客观存在着的一种自然现象”。在这个前提下，有的认为金字塔形状等于一个大镜头或电容器，里面积聚着无名的能源；有的说金字塔形状能在其内部聚集着宇宙射线、磁性震荡和某些未知的射线；有的设想这种能源是由于某种宇宙的力量和地球引力相结合的产物；有的推测金字塔形内部发生一种高频震荡，影响着人体的细胞和肌肉，使之处于最佳状态；有的解释说，不仅是金字塔形状，各种形状和大小的构造物都会在其内部产生一种力场，一种能源。这种特殊的力场或与自然力场相互抵消，或增强或减弱自然力场。

金字塔下的古船

在胡夫金字塔的墓脚有一堆乱石。1954年，人们在清除这堆乱石时发现了石墙和用巨大的石灰岩石料砌成的封顶。拆除了部分石墙后，考古工作者发现了两个在基岩中凿出的硕大的坑。于是他们发掘了其中的一个坑。

坑里埋藏的不是法老或他的妃子，也不是金银财宝，而是一只足尺寸的、被拆卸的古船。此船被拆成1 224块，按船的形状有顺序和规律地堆放在一起。考古工作者历尽艰辛，花了几年的时间才把这些零件组装成船。

这条船船身细长，头尾高翘，有

甲板室，长 43 米。船壳采取纵向缝合的方式，然后用铜箍加固，再用防水剂抹缝。船上使用的桨，酷似中国的梭镖，一点也不像中国江河里的木船使用的桨。

胡夫是埃及第四朝的法老，距今已4600年。从胡夫的冢里发掘出来的这条船，是世界上最古老的船。由于船冢密封良好，古船出土时不但没有腐烂，甚至能闻到木料的芳香。

20 世纪 60 年代，埃及在金字塔下建立了古船博物馆，将其置于密封的透明陈列室内。

然而，这条古船当时到底有什么用途呢？学者们众说纷纭，莫衷一是。为了揭示其中的奥秘，为了研究古船与古埃及的历史和文化，埃及考古组织决定在美国《国家地理》杂志的帮助下，于 1985 年发掘第二个坑。

这次又发现了一条三桅帆船，也是拆卸成许多船板或零件，按船形有条不紊地堆放在一起。

在船冢墓室的西头，地上有一些木板、铜箍和从顶盖掉下来的抹缝的灰泥。

第二个船冢中的古船，经对比研究，发现它和从第一个船冢出土的古船极其相似。人们最感兴趣的是这两条船的用途。

多数学者认为，这两条船是姊妹船，都是灵船。胡夫死后，一条船载石棺，一条船载内棺和尸体，一前一后，向金字塔脚下的一座庙宇驶去。运到后，尸体和棺材被抬上岸，沿专门修建的道路抬进庙里。一生叱咤风云、享受荣华富贵的君王，便在这儿的地下安葬。

然而这用得了偌大的两条船吗？因此，有人认为，这是胡夫生前朝圣用的两条船：一条船去开罗上游的圣城，一条船去开罗下游的圣城。然而，持这种看法的学者专家，完全是猜测，也拿不出什么证据。因此又有人认为，这是埃及法老胡夫的亡灵乘坐的日月之舟。据埃及的一个古老传说，太阳神乘着一只小舟，在天海向西航行，黄昏时为天神所吞食，可是到黎明时又获得新生。法老跟太阳神有关，他死后便乘船升天，在天海乘太阳船西行，到晚上便换乘月亮船。

还有人持另外的见解。在胡夫时代，尼罗河平原上河流纵横，船是一种极其重要的交通工具。迄今发现的许多墓室壁画上面都有这样或那样的船。古埃及人还乘船在沼泽地或芦苇荡打猎。古埃及人也造海船，跟地中海的其他国家进行海上贸易。船冢里埋的这两条船，便是供胡夫死后用的。可是，为什么这两条船都拆卸成一块一块的呢？真叫人困惑不解。

关于胡夫金字塔旁两条三桅帆船的真正用途和埋藏方式，学者专家们仍众说纷纭。也许将来的发掘和研究能揭开这个谜，也许它永远笼罩在神秘的色彩里。

津巴布韦的秘密

提到非洲，人们可能马上就会想到坐落在非洲北部的埃及的金字塔和狮身人面像，而假如你所关注的是人类的古代文明的话，那么请不要忘记坐落在南部非洲的津巴布韦，那里的古代遗址同样也在悠远的古代闪耀着文明的辉煌。

在津巴布韦，这里的大部分居民是班图语系的马绍纳人和马塔贝莱人。在班图语中，津巴布韦之所以叫做津巴布韦，因源于遍布于当地的200座大大小小的石头城，马绍纳人把其中的任何一座都叫做津巴布韦。

津巴布韦这个名字之所以给人以无限的遐思，原因在于它在当地的班图语中的意思是“可敬的石屋”、“石屋”；另外有些人认为津巴布韦是塞肖纳语“马津布韦”的谐音，它的意思应该是“酋长住宅”；也有的人认为它是恩戈尼语“津比万比韦”的变音，因而它的意思是“富饶的矿山”；如此等等，给津巴布韦这个非洲南部的内陆国家和其中的古代遗迹笼罩了迷人的色彩。

1868年的一天，欧洲的一位探险家正在非洲这块神奇的古大陆上旅行，他正在津巴布韦的维多利亚堡东南约30千米的密林丛莽中追逐一只野兽，偶然间发现了一座石头的残垣断壁，这就是后来闻名世界的“大津巴布韦”。尽管当时这儿只不过是一大片石头城的废墟，却依然显得神秘而尊贵，因年代不明而显得高深莫测。在此之后的1871年，德国地理学家卡尔·莫赫曾说：“那是一大片聚在一起的石头建筑，没有屋顶，用灰色花岗岩石块以精巧的技术建成，有些还曾雕刻。山上那些高大的石墙分明是欧洲人的建筑。”这位高傲的欧洲学者之所以说是“欧洲人的建筑”，是因为他根本不相信在被白人蔑称为“黑暗大陆”的非洲腹地，古代文明之花居然开放得如此绚烂，它是自身固有的，绝非外人嫁接的。

“大津巴布韦”虽然饱经世纪的桑田变化，大部分已沦为废墟，但仍然有一部分显示着宏伟的气象，并且一直遗存到了当今。

作为主体建筑，“大津巴布韦”最辉煌的一处位于山下的平地上。因为它外围的城墙呈椭圆形，周长256米，内径长89米，宽67米，被称为椭圆形大围墙。该处围墙高近10米，厚约5米，所围的总面积约为4 600平方米。在东、西、北三面城墙上开有

3个门，门顶都有巨大的花岗岩石砌成的圆拱形。围墙的顶上，矗立着几根细长的质地坚硬的图案花纹，有的墙面顶端还雕刻着一只形状奇特的石鸟。在围墙的东南部，还有一道同围墙平行的、相隔1米左右的石墙，与围墙本体形成一条长达百米的狭窄通道，通道尽头是一个类似院子的半封闭区域。围城里面建有圆锥形石头高塔、石碑、地窖、水井和一些石崖的废基，像是古代宫廷的遗迹。围城附近还有许多小的房屋，这些低矮的颓垣残壁有可能是一般官员或仆人的住宅区。

在椭圆形大围墙的外面，有一连串形成堡垒的城墙。城墙内有错综复杂的通道、石级和走廊等等。沿着一条陡峭缝隙开凿出来的石梯拾级而上，就可以来到另一处主体建筑——卫城。

卫城建在椭圆形大围墙旁边约90米高的悬崖上，居高临下，俯瞰着整个山谷。卫城的城墙随着岩石而起伏，自然地与大弧丘浑融一体。围城全部由花岗岩石砌成，构筑坚固，气势雄伟，可能是一座要塞，供防御之用。卫城的内部，又有许多残破的房屋和复杂交错的通道。在这处遗址上，有冶炼黄金的痕迹。另有一处形似祭坛的建筑，也许是古人们举行宗教仪式的场所。

在整个大津巴布韦的建筑群中，最神秘莫测也最令人费解的是椭圆形大围墙内的圆锥塔。这是一座下粗上细的实心花岗岩建筑，高约20余米，没有任何文字标记。它主要是用雕琢成砖块的平整花岗石堆砌而成，按一定的图案线条规则地砌起。石砖之间没有任何使用灰浆或其他种类黏合剂接合的痕迹，然而石砖之间的连接极为严密，其缝隙竟连薄刃也难以插进去。圆锥塔的外观神秘新奇、精致美观，而且坚固异常，不知经历了多少岁月风雨的磨砺。

自从1868年以来，一批批的欧洲探险家和科学家兴趣盎然地来到非洲南部，在津巴布韦这块突然间变得神奇的土地上寻踪觅迹，反复考察，为的是想要弄清“大津巴布韦”的内在奥秘。神秘的圆锥塔是他们考察的首选。英格兰考古学家本特曾花费极大的财力和人力在圆锥塔的周围大规模挖掘了一条地道穿过圆锥塔，企图寻找一个入口。为此他搬开了许多石块，但发现塔是实心的，这个入口至今也没有找到——也许它根本就没有入口。这样一来，考古学家们不禁疑窦丛生：这座直刺蓝天的巨塔究竟是干什么用的呢？

人们对此众说纷纭。有人认为该塔的外表形状与当地的粮仓相似，也许是个巨大的粮仓。但由于证明整个塔是个实心的整体，根本就没有用来贮藏粮食的空间。也有人认为它是男性生殖器官的象征物，是古代某种宗教仪式所用的，它代表某种蓬勃的部落精神或部落酋长至高无上的权力。但这些说法最终因缺乏有力的证据，加上又没有史料记载而缺乏说服力。圆锥塔却依然故我，孤立站在那里缄默不言，笑看来客，保守着自己被岁月深藏的秘密。

19 世纪末，好事的欧洲人纷纷漂洋过海，竞相来看“津巴布韦”。由于无可考证，他们只能凭借自己的主观臆测来解释“津巴布韦”之谜，但是他们总是用既有的观点来解释问题，竭力否定这个古文明遗址的非洲渊源说，生拉硬扯地将其文明内涵与已属文明联在一起。

对于欧洲人来说，“大津巴布韦”应该是存在于神话中的黄金国度。他们认为石头城很像欧洲史书上记载的古代以色列国王所罗门的某些圣殿，很可能就是在《圣经·旧约》中提到的所罗门国王的金矿所在地。而卫城就是模仿所罗门王在摩利亚山上修建的耶和华殿建造的。那座椭圆形的大圆墙则是为了模仿古埃塞俄比亚女王示巴访问所罗门时在耶路撒冷住过的行宫而建筑的。

这种主观臆测，一度激起了欧洲人到石头城寻找黄金的狂热。不少欧洲人来到石头城后，雇佣当地的马绍纳人，配以舶来的先进机械在宝贵的遗址上四处乱挖，掘地三尺，把珍贵的文物劫掠一空。除了坚硬的花岗岩石块，其他的一切能拿者尽被拿走，所有那些有可能说明历史真相的文物资料，在还没来得及真正展开研究之前，就遭到了毁灭性的破坏。

在后来的岁月里，人们在“津巴布韦”的周围发掘出大量的文物。其中有奇怪的生产工具、锋利的作战武器和精美的装饰品等，还有一些是来自遥远的中国的陶瓷碎片、阿拉伯地区的玻璃珠子、波斯的彩色瓷器以及印度的佛教念珠等。从这些出土文物至少可以看出，消失于遥远年代的石头城曾经与古代的华夏及阿拉伯、波斯和印度有过悠久的文化和贸易往来。而众所周知，在中国、阿拉伯和波斯的历史典籍中有关大津巴布韦的记载却极其鲜见。

也许，这些舶来品是从第三者手中转手贸易而得，那么这些第三者又是一些什么人呢？我们无从知晓。由壮观的大圆锥塔就可以看出，其建造垒砌技术已达到了很高的程度，也就是说，圆锥塔的建筑技术足以用文明的字眼来形容。圆锥塔的建设者们在很早以前就已经掌握了建筑学、几何学、力学等方面的高深知识。

让我们沿着前面已有的思路来考

虑问题：这一座座大大小小、远远近近的石头建筑究竟是用来做什么的呢？人们至今也没有弄明白。直到现在所有的只是猜测：有些人认为这里可能是一个业已消失的古老王国的皇城，也有人认为它只是一个巨大的宗教场所。与其他文明遗址不同的是，所有这些石头建筑上都没有任何文字，也没有雕刻图案或壁画，在这方面与美洲的玛雅城或东南亚的吴哥窟上成片成片的浮雕迥然有异。而流传下来的世界文典中又没有任何记载，真可以说是无迹可寻。与此相关的问题只能是：何种人在何时运用何种工具和方法来营造了这座宏大瑰丽的石头城？石头城的建造者与当今生活在津巴布韦的马绍纳人和马塔贝莱人有什么样的渊源关系？如果它的建设者是外来人，为什么他们又在某一天突然遗弃了这个地方呢？

由于 1830 年当地曾发生过著名的祖鲁战争，人们由此推测，居住在大津巴布韦的原居民都被全部赶走了，那么他们又迁居到何处去了呢？令人不解的是：现在在这片土地上生活的只不过是马绍纳族的一个分支——卡兰加人。他们大多数仍旧居住在非洲低矮、简陋的传统窝棚里，其日常生活和宗教仪式与这些大堆的石块毫无关系。

20 世纪初，关于上述问题，欧美国家的考古学家展开激烈的争论。英国考古学家麦基弗认为，大津巴布韦的建筑风格丝毫也没有古代东方或西方欧洲任何时期的痕迹，因此它只能是出自非洲黑人之手。而另一位英国考古学家霍尔却认为，自古以来非洲黑人就没有修建石头建筑的传统，在非洲其他地方也找不到相同的例子，因此，大津巴布韦绝不可能是非洲黑人所建。两派学说都有支持者，但都苦于缺乏证据，谁也无法说服对方。没有人统计过需要多少工人、多少工作时间，才能使这样一座伟大的文明古城屹立在非洲茂密的丛林中，也许他们是怀着对统治者至高无上权力的崇拜。

总之，大津巴布韦有可能是除埃及以外非洲古代文明高度发达的又一象征。它所留下的谜团不是单一的，这些无言的石头至今在揶揄着来人：你能解读我吗？你能解读多少？

图尔卡纳荒原石柱

在非洲肯尼亚共和国北部，图尔卡纳湖以西，有一片广阔的荒原，在荒原上屹立着 19 根石柱，每根石柱的长短和大小各不相同，插入地下的角度也各不相同。石柱之间的间隔很小，一般距离不超过一米。石柱上刻有许多奇形怪状的花纹、左右对称的图案，其中有毒蛇和鳄鱼等动物形象，较多的是酷似字母“E”的图形，19 根石柱全向北倾斜。

当地居民图尔卡纳族人把荒原石柱称为“纳穆拉图恩加”。在图尔卡纳族的语言中，“纳穆拉图恩加”的原意是“变成了石头的人”。关于这个名称的来历，有一段古老的传说：相传在遥远的古代，有 19 个人因触犯了天条，因而受到天神的惩罚，使他们变成了 19 根石柱，永远站立在荒原上，仰望着天空，祈求天神的怜悯和恩赐。直到现在，图尔卡纳族人还在石柱顶上用小石块堆成小金字塔形的锥体物，向天神诚心祭拜。

这 19 根石柱过去没有引起考古学家的注意，直到 1975 年才引起考古学家们的极大兴趣和高度重视。从此以后，10 多年来，许多国家的学者纷纷前往考察。经长期调查研究，大家一致肯定：这 19 根石柱，是两千多年前的古人特意建造的一座石头天文台。用放射性碳的分析法测定，这座石头天文台的年龄为2 285年（±165 年）。由此可知，这 19 根石柱大约是公元前 300 年竖立起来的。

石柱之间连接成的几何线条可以确定天空中一些星座的位置。西侧的第十五号和第十八号石柱，是观察天空中星座的基本石柱，观察者站在它们的背后，就能经过其他石柱的顶端划出一条条线指明星座出现的空间位置和这些星座在天空中移动的踪迹。这种观察，能达到精确的程度。

在这 19 根石柱中，最高的是第十一号石柱，最短的是第十九号石柱，似乎没有任何一根线要通过这两根石柱的顶端向天空延伸，这两根石柱组成的线条不指向任何一个星座。究竟第十一号和第十九号石柱的作用是什么呢？至今考古学家还无法弄清。

石柱上所刻的花纹图案究竟代表什么呢？例如：石柱上所刻酷似字母“E”的图形所包含的意思是什么呢？据调查，在肯尼亚共和国的蒙特·包尔山山麓居住的莱恩基列族人自古至今盛行这样一种风俗习惯：人们爱用小刀或其他锋利的器具在自己的手上划三个“E”形的伤口，在伤口上往往搽上盐，待伤口愈合后，“E”形的伤疤就更加突出显眼，引人注目，永不消失，他们还爱在家畜身上盖上“E”形图案作为戳记。究竟石柱上所刻的“E”图形与莱恩基列族人在自己手上所划的和在家畜身上所盖的“E”图形之间有什么联系呢？……总之，这 19 根石柱有一些奥秘，至今还没有被考古学家查明。

欧洲大陆上的谜题

OU ZHOU DA LU SHANG DE MI TI

永恒之城的起源之谜

意大利人一向宣称他们的首都罗马是“永恒之城”，但罗马城是怎么来的呢？关于其起源问题，除了一个美丽的传说，至今没有可信的证据。

在意大利著名的卡彼托林博物馆中，有一尊青铜母狼雕像，而狼身下是一对正在吮吸乳汁的男婴。母狼形象很高大，身材颀长精瘦，四肢健壮有力，脚爪紧叩地面，两耳竖起，嘴唇略张，牙齿微露，双目圆睁，直视前方，带着一股沉着、冷静与警觉。肚腹下的一对男婴仰着头贪婪地吮吸着乳汁，对周遭的一切恍若无知无觉。

这座母狼铜像据说是公元前6世纪的作品，弥足珍贵；两个男婴是16世纪文艺复兴时期的艺术家添加上的，艺术价值不菲。二者珠联璧合，不但是上乘艺术佳品，而且向人们讲述了罗马城起源的故事。

母狼铜像

意大利半岛中部有一条台伯河，蜿蜒向西注入地中海，罗马城建在台伯河左岸的小山上，离入海口不远。据说，罗马城是由两个孪生兄弟——

罗慕洛和勒莫建立的。他们是希腊神话中特洛伊英雄之一伊尼亚的后代。在特洛伊城被希腊人攻陷的时候，伊尼亚带领一些人逃了出来。他们经过长途跋涉和海上漂泊，来到了意大利半岛。伊尼亚的儿子后来在拉丁地区修筑了新的城池——亚尔巴龙伽城，自己当了国王。王位后来传了 15 代，一直传到依米多尔。依米多尔有个弟弟叫阿穆留斯，他通过政变篡夺了王位。阿穆留斯为了防止哥哥的后代报仇，下令杀死了自己的侄子，并强迫侄女去做女祭司。女祭司是不能结婚的，阿穆留斯以为这样一来就能使哥哥断了“香火”。

然而人算不如天算。不久，被迫当祭司的侄女竟生下一对双生子。阿穆留斯又恨又怕，他立即下令处死侄女，并派一个奴隶把孪生兄弟扔到河里去。奴隶提着装着两个婴儿的篮子来到台伯河边，看着不断上涨的河水不敢靠近。他想，如果把篮子放在河边，不一会就会被水卷走的。就这样奴隶把篮子放在河岸上就回去了。万万没想到，篮子被河水漂起后，没冲多远就被岸边的一根树枝挂住了。河水退下后，篮子里传来了嗷嗷待哺的婴儿的哭声。恰巧一只母狼正好来河边喝水，它闻声走过来嗅了嗅篮子里的孩子，不但没有把他们当做一顿丰盛的晚餐，反而用自己的乳汁来喂他们。

后来一个牧人发现了哥俩，于是把他们带回家抚养。牧人还给他们起了名字，一个叫罗慕洛，一个叫勒莫。牧人后经多方打听，知道这两个孩子是老国王的后代，于是一直对他们的身世守口如瓶。这对孪生兄弟在牧人的一手调教下渐渐长大，练就了一身好武艺。牧人看到时机成熟后，便把他们的身世和盘托出。于是，兄弟俩开始行动，领导亚尔巴龙伽人民起义，推翻了残暴的阿穆留斯。兄弟俩又找到了退居乡间的外公，并让他重新当了国王。

后来兄弟俩不愿待在亚尔巴龙伽城，他们打算在昔日遇救的地方另建新城。新城建好后，兄弟之间却因为新城命名、由谁来统治等问题发生争吵，最后双方决定让神来作出选择。至于神意如何，则通过占卜测知。勒莫首先在自己的占卜地看到 6 只秃鹫飞过，便认为神选择了他。当他派人通知罗慕洛时，罗慕洛正看到有 12 只秃鹫飞过。一方声称先见秃鹫者为王，另一方则坚持以秃鹫的数目多寡定夺。双方爆发了一场舌战，激愤的谩骂导致格斗。罗慕洛杀死了勒莫，用自己的名字命名新城市。“罗慕洛”后来的读音就成了“罗马”。这件事大约发生在公元前 754 年，这一年也是古代罗马纪年之始。

当然，这只是传说。这个传说是如何形成的？它有多少历史真实性？罗马城市建立的真实情况到底怎样呢？史学家已经争论了百年之久，人们还是各执一词。

目前，我们关于罗马早期历史的知识，大部分来自古代史学家李维、奥尼修斯和普鲁塔克3人的记述。有关罗马起源的主要情节，他们3人的口径基本上是一致的。从这可以推断，早在他们之前，可能就有人对罗马的起源和早期罗马历史的传说做过一番删订、统一工作。一般认为，大约到公元前3世纪中叶，关于罗马起源的传说已经被大家公认。直到16世纪，西欧的人文主义者才起来否定伊尼亚和罗慕洛的故事。于是，有不少学者开始对上古传说的真实性表示怀疑。17—18世纪，疑古之风已经走向极端，一切古代传说统统被斥为“胡编乱造”、“纯粹神话”。

但是也一直有人持保留意见。一些史学家根据民间歌谣、语言学、铭文材料，认为这个传说是比较可信的。事实上，关于罗马建城的故事，肯定有许多情节是后人胡乱附会上去的。但也不能否认，传说多少会折射出历史的真实。因为，一切古老民族的历史几乎都是从夹杂着神话的传说开始的。

但是，德国考古学家施利曼于19世纪70年代发掘出了一向被怀疑其真实性的特洛伊遗址，既然特洛伊并非荷马编写的神话故事而是历史真实，那么伊尼亚在特洛伊城破时逃到意大利是不是也有可能呢？

也有一些史学家认为，罗马城的建立与拉丁人和萨宾人有关。拉丁人约于公元前2000年进入意大利的拉丁姆平原。在他们居住区附近还有其他印欧语族人：萨宾人、埃魁人和伏耳西人等等。他们建立了好几条南来北往的商道，其中较重要的一条穿过罗马诸山。在巴拉丁山脚下的渡口处，他们还派人常驻，并设卡收费，这里逐渐形成了一个交易市场，随着贸易的不断扩大，人们在这里设卡收费，在山坡上筑堡防卫，逐渐发展为罗马城的雏形。

孰是孰非，尚无定论，看来有待考古证明。

但是罗马人至今对那匹母狼怀有感激之情，他们将母狼视为“母亲之狼，并精制了一个饲养着一只母狼的永久性兽笼，置放于市政厅前面的显眼处，还将母狼的形象镌刻在罗马的城徽上。

世界上最古老的圣坛

1979年，西班牙考古学家埃奇加

莱·巴伦迪伦和美国芝加哥大学的人类学家弗里曼·克莱塞，在西班牙北部的埃尔朱育洞穴进行发掘时，发现洞穴入口处有一座原始人用泥土和石块堆砌起来的圣坛，圣坛底部的面积约 10.96 平方米，在它的中间有一条长达 1.09 米、宽 0.78 米的浅沟，沟里堆满了石制矛头、动物骨骼、贝壳和颜料。在沟的一头有个高 0.51 米的土石充填的黏土框架（框架用鹿骨、石板等加固），架顶上平放着一块重达 1 吨的石灰石板，石板上放置着一尊石雕像。石雕像非常古怪，它高 0.36 米、宽 0.33 米、厚 0.21 米。雕像中间有一道天然石缝，把所刻的脸庞分成了两边，右边是长着胡须的人的半边脸，左边则是凶恶的食肉兽（狮子或豹）的半边脸。

根据放射性元素判断方法测定，这座圣坛是在14000多年前建成的，这是迄今所知的最古老的宗教圣坛，也是唯一的一座早在旧石器时代建立的宗教建筑。

宗教的起源问题，是一个很复杂的问题，世界各国学者们对这个问题的看法很不一致。根据现在所掌握的考古材料来看，宗教萌芽于旧石器时代中期，到旧石器时代晚期才逐渐发展起来。当时原始人的生产力很低下，他们的实际知识还处在萌芽状态，而摆在他们面前的是庞大、复杂、神秘莫测的世界，在他们的周围存在着许多他们不能理解、无法解释的自然现象，他们感到自然界中似乎到处都有威力无穷、不可捉摸的神秘力量在发生作用，他们在跟大自然斗争时，感到自己是渺小和软弱无力的，这样就产生了最古老的宗教观念。这座圣坛地面的石块磨得很光滑，这说明当年原始人经常在这里举行集体性的宗教活动。14000多年前的原始人竟然已经有了如此完备的宗教活动场所，这在世界上也还是首次发现。

更令人奇怪的是那半人半兽脸型的石雕像。为什么原始人要把那尊石雕像的脸庞分成左右两部分呢？考古学家们的看法不一。有些学者认为，可能出于图腾崇拜，这是原始人类一种最早的宗教信仰，当地原始人可能认为狮子或豹与自己有亲缘或其他特殊关系，以狮子或豹为图腾，他们把狮子或豹当做神灵来尊敬和崇拜，这种崇拜既是迷信，又在当地原始人中起着维系集体、统一意志、统一行动的作用。有些学者不同意上述看法，他们认为，这是由于在长期劳动过程中原始人类的体质和智慧都大大向前进化和发展了，他们已经有了较高的思维能力，尤其抽象思维能力发展更快，因此，这尊人脸与兽脸各半的石雕像，表明了当时原始人已经在认真

思索人性与兽性在人类以及神灵中的表现，右边长着胡须的人的半边脸象征着人性之“善”；左边凶恶的食肉兽（狮子或豹）的半边脸象征着兽性之“恶”，这样，原始人就巧妙地把“善”与“恶”、“美”与“丑”糅杂统一在一起。这尊石雕像是原始人运用象征性的艺术表现手法创作出来的佳作。

可是，令人迷惑不解的是：在近代和现代欧洲艺术品里，所谓象征方法还是一种十分时髦的表现手法，难道14000年前的原始人就已开始运用这种象征方法来进行艺术创作——雕制石像了吗？当时原始人的抽象思维能力以及形象思维能力发展的情况究竟如何？这是有待深入探讨的一个谜。

海底洞穴的古老壁画

1998年7月的一天，法国职业潜水员昂利·库斯奎同3位潜水学会的会员，一起潜入地中海摩修奥湾40米深的海底。在海底，他们发现了一个黑乎乎的洞，洞口四周布满珊瑚。他们小心翼翼地潜入洞穴，艰难地在这1米宽的水下隧道中左右探索。

约半个钟点后，他们来到了一个拱形洞窟，这里的水深仅及腰际，宽约60米，高2～5米不等。洞壁颜色白、蓝交杂，钟乳、石笋如林，景象十分奇特。

他们手持电筒，沿着堆积方解石的滑溜溜洞底，一步步地向前挪动。突然，他们又发现了一个新的缺口。从缺口望进去，那里还有一个洞室，30米高的洞顶俯瞰着一个被岩壁包围着的小湖。这又是一处绝妙的洞窟。

库斯奎把电筒放在一块大石上。灯光照在了洞壁上，在黑暗中他赫然看到了1只手的图案，他赶紧把洞内的奇妙图案一一拍了下来。

2天后，库斯奎到照相馆去取洗好的照片，才发现图案上的手不止1只，而是3只。他想这很可能是古人留下的杰作，他查考了所有能找到的考古资料，可是却一无所获。

库斯奎等人再次回到海底，这次他们大获丰收。在洞窟的西壁有一横排小马，是用像炭一样的黑颜料画的，画面上蒙着一层半透明的方解石。洞顶上有一幅巨角黑山羊图，还有一幅雄鹿图。东壁上画着2头大野牛和更多手印般的手掌，有的五指不全。还有一个猫头和三个企鹅图。有些图显然是部分或者完全重叠在一起，甚至还有怪异的几何符号。

库斯奎把他的发现向法国的考古研究部门作了报告，但是专家们对此都表示怀疑，因为证据只是一些照片，况且法国东南部从未发现过什么洞窟壁画。幸亏史前史研究权威和资深潜水员让·库尔丹出来为库斯奎辩护，库尔丹曾在卡西斯湾发现过旧石器时代的遗骨、燧石和木炭等，他知道海底有许多洞穴在几万年前原是人类的居所，当时地中海的海岸线是在100多米以外，后来才给海水淹没的。法国海底考古专家让·克罗德也出面支持，认为虽然年代久远，在这一带寻找旧石器时代克罗马努人的遗迹几乎是不可能的，但还是应先派专家去现场勘察，再下结论不迟。

9月19日，库尔丹等专家随库斯奎潜入隧道。眼前的景象让库尔丹惊叹不已："这是欧洲考古史上最重大的发现之一！我从未见到过这样一类的景象！"壁画不仅完全像库斯奎先前所描述的那样精美，而且这次使用的强力泛光灯还照出先前没有发觉的壁面。

经过几天紧张的鉴定之后，再也没有人对此表示怀疑了。克罗德完全相信从洞中带回的资料。他说："马、野牛、山羊等壁画和雕刻全部有着旧石器时代的特征，甚至是按照史前艺术惯例画出来的。例如，那时候画的野牛角总是弯曲或半弯曲的，蹄从来不画出来，腿总是缺掉最后的一截。这一切可以说明它们比著名的拉斯拉洞的画还要早。"

克罗德的初步推断，不久便得到了实验室测定结果的支持。测验由里昂市全国科学实验所技师需克埃温主持，根据碳测年法测定，这批画已有18000多年的历史了。

18000多年，已远远超出人类文明历史的极限，已变得十分遥远，科学家还能读懂这部"洞穴巨著"，还能破解这一史前之谜吗？

米诺斯王国的神秘消失

希腊神话传说中，有一个脍炙人口的悲剧故事：很久以前，克里特米诺斯王的一个儿子在雅典被杀害了。暴怒的米诺斯便对雅典发动了一场战争，最后强迫雅典国王埃古斯签订了一项骇人听闻的条约：每隔9年（一说每年）雅典必须向克里特进贡7对童男童女。这些人被送到克里特后，即被当做食物让一个牛首人身的怪物——米诺陶洛斯逐个吃掉。传说，米诺陶洛斯为王后帕西法厄与一头公牛所生。国王为了遮丑，便请大建筑师达代罗斯在克诺索斯建造了一座规模庞大、结构复杂的双斧宫殿，然后把那牛首人身的怪物藏在深宫中。

雅典惧怕米诺斯的强大，万般无奈，只好按屈辱的条约按时纳贡。因此，每年进贡期限，凡有童男童女的

父母们都害怕悲惨的命运会降临到自己的子女头上。到第三次进贡的时候，埃古斯的儿子，英雄忒修斯为了全国的百姓，决定作为7对童男童女中的一员到克里特去。

忒修斯一行出发时，老国王给他们一面白帆，并约定，如果忒修斯平安回来，就悬起白帆。否则，仍像以往那样，挂上黑帆，可使人们远远一看就知道是失败了。

忒修斯和童男童女们乘船来到克里特岛，米诺斯王召见了他们。当这位年少英俊的雅典王子出现在克诺索斯王宫的时候，米诺斯美丽的女儿阿里阿德涅公主立刻爱上了他，忒修斯也对公主一见钟情。阿里阿德涅偷偷地交给忒修斯一个线球和一柄魔剑，并透露了进入深宫的方法。忒修斯按照公主的指点，把线球的一端拴在迷宫的入口处，然后放着线通过曲折的路径来到米诺陶洛斯的藏身之地，用魔剑将这怪物杀死。之后带着阿里阿德涅和被当做贡品的孩子们一起逃离克里特岛。在归程中，他们忘了把船上的黑帆换成白帆。当埃古斯站在海岸上远远地望见张着黑帆的船只徐徐驶来时，以为儿子已死，顿时痛不欲生，随即跳海身亡。后人为了纪念他，便把这海叫做爱琴海。

令人奇怪的是，这个悲剧故事中所提到的克里特的米诺斯王国，在希腊历史上竟没有任何文字记载，但它的传说却被描述得如此绘声绘色。这到底是怎么回事呢？

为纪念埃古斯而命名的爱琴海

在地中海以东，希腊半岛以南，有一个多山的海岛——克里特岛。自古以来，它就是希腊的领土，是希腊最大的、也是离本土最远的一个海岛。

克里特岛被海水所环抱，风光绮丽，气候宜人。除此之外，它似乎没有引起人们注意的地方。在希腊古老而光辉的历史上，克里特的地位被忽略，历史学家们对该岛遥远的过去几乎一无所知。但奇怪的是，克里特在希腊神话中却是一个赫赫有名、非同凡响的地方，它同许多传说中的大英雄人物有关。多年后人们吃惊地发现，克里特历史上最光荣的一页，正是以这些离奇古怪的神话传说为线索，才从地下发掘出来的。

希腊的神话和传说（包括荷马史诗）举世闻名，深深地吸引了不少西方考古学家，他们认为，这些优美的故事很可能是古人根据一定的历史事件，经过艺术加工而创造出来的。

德国考古学家谢里曼（1822—1890年），依据荷马史诗《伊利亚特》中有关特洛亚战争的描写，在小亚细亚希沙尔里克丘陵（今土耳其西部、爱琴海沿岸一带）发掘出特洛亚古城的遗址。古希腊人在公元前12世纪初曾远征特洛亚城，与特洛亚人进行过10年战争。史诗《伊利亚特》描写了这次战争最后一年里51天中发生的事情。

那么，传说中的克里特王国、米诺斯王和他的神秘的迷宫，是否真的曾在历史上存在过呢？谢里曼很想亲自揭开这个历史之谜，但他未能如愿以偿。

1900年，英国考古学家伊文思等人来到克里特岛上进行考古发掘，决心把这个神秘王国的存在与否弄个水落石出。经过多年的努力，他们在岛上发掘出好几座古城的遗址，另外还有大量的文物，证明克里特王国确有其事。

在古都——克诺索斯的遗址中，考古学家发现了一座王宫的废墟，它占地约2万平方米，依坡而建，共有3层，还有地下室。宫中大小房屋共几百间，均由迂回曲折的廊道连接。王宫结构之复杂，实为罕见。学者们认为，这就是传说中的米诺斯双斧迷宫，因为在废墟中发现了双斧标志。

在王宫的墙壁上，种种题材的壁画绘出国王和贵族妇女的形象。这些壁画虽历经数千载之久，但色泽仍然十分艳丽。

考古学家们深入王宫的一个仓库，发现了许多一人高的大陶缸，里面装着粮食、橄榄油和酒。在另一些仓库里放着战车和兵器。一间外面包着铅皮的小室，贮藏着国王的巨大财富，其中包括无数的宝石、黄金饰物和印章。

不过，在出土的文物中，最有历史价值的莫过于那数万张刻有文字的泥版了。在这些泥版上，古克里特人用线形文字记述了国王的档案和重要事件。一块文字泥版上赫然写着：“雅典贡来妇女7人，童子及幼女各1名”。这不禁使人想起关于米诺斯王强迫雅典进贡童男童女的故事。

1980年春，英国考古学家在雅典公布说，他们不久前的发掘，证明古克里特岛人在米诺斯时代有食人肉的习惯。在克诺索斯宫殿周围市镇中一所铜器时代的房屋里（传说这是半人半牛怪物的藏身之处），考古学家发掘出一些人的尸骨，尸骨上留下的刀痕同动物被宰杀后留下的刀痕一模一样。据辨认，这200多根支离破碎的

人骨是8～11个年龄在10～15岁的儿童的骨头。

英国考古学家认为，克里特人食人肉可能不是由于饥荒，而是出于某种宗教仪式。

由此看来，雅典向克里特进贡童男童女的恐怖传说，并非虚构。我们不妨作个推测，即克里特统治阶层的成员，有吃人肉的习惯，也许米诺斯的某个儿子就是一个嗜食人肉的家伙。可能正因为如此，米诺陶洛斯才在神话故事中，被人描绘成为牛首人身的怪物，它表现出人们对这个吃人魔王的憎恶。

经过多年不断地发掘，曾长期使人迷惑不解的神话中的米诺斯王国，终于露出些许端倪。

现在人们才知道，克里特王国曾存在于大约公元前2300年—前1500年间（相当于我国的夏朝）。在最后的一二百年中，该王国的文化曾盛极一时，这正是米诺斯王朝时期，当时米诺斯称雄爱琴海，威震雅典。克里特岛雄踞欧、亚、非三洲之中心，是联系亚非两洲先进国家的纽带。米诺斯充分利用了这一优越的地理位置，发展造船业，并且建立了强大的舰队，这已为发掘出来的港口和造船厂的废墟所证实。

据推测，米诺斯是世界上最早建立海军的人。他的所向无敌的舰队，曾使他的国家能够同当时的发达国家——埃及、叙利亚、巴比伦、小亚细亚及腓尼基等，保持经常的贸易来往，并成为他建立海上霸权进行扩张和殖民的威慑力量。爱琴海诸岛纷纷向米诺斯称臣，迈锡尼一度沦为他的殖民地，雅典也得向他纳贡。据考证，克里特与埃及、巴比伦是同时发展起来的文明古国，是欧洲文明的发祥地，是重要的古文明的中心。

令人不解的是，大约在公元前1500年，克里特岛上的所有城市在同一时间内被毁坏，不久都从地球上消失了。

历史学家对它的毁灭作了种种推测，有人说可能是大地震的发生，有人认为是希腊半岛的入侵者消灭了这个国家，也有人认为是岛上居民发动了人民起义。总之，它是在一场意料不到的劫难到来后被毁灭的，它的历史由于没有文字记载，只能被揉进神话之中了。

闪米特人的地下城市

土耳其卡帕多基亚的格尔里默谷地，看起来和月球表面很相似。这里的火山沉积物上矗立着奇形怪状的石堡。石堡是由火山熔岩硬化后，经风蚀雨浸而最终形成的。

格尔里默谷地

早在公元8世纪和9世纪的时候，这里的居民就开始开凿空石堡，将其改装成居室。人们甚至在凝灰岩体上凿出富丽堂皇的教堂，在其中供奉色彩绚丽的圣像。然而，卡帕多基亚真正引起轰动的发现埋藏在地下，那就是巨大的可居住成千上万人的地下城市。其中最著名的一座座落在今天代林库尤村附近。通往地下城市的通道隐藏在村子各处的房屋下面。人们在这里一而再、再而三地碰到通风洞口，这些通风洞从地下深处一直延伸到地面。

整个地带布满了地道和房间。地下城市是一种立体建筑，分成许多层。代林库尤村的地下城市仅最上层的面积就有4平方千米；上面的五层空间加起来可容纳1万人。今天人们猜测，当时整个地区曾有30万人逃到地下躲藏起来，仅代林库尤的地下城市就有52口通气井和1.5万条小型地道。最深的通风井深达85米。地下城市的最下层建有蓄水池，用以储藏水源。

德米尔先生是地下迷宫——地下城市的发现者，这一发现纯属偶然。在代林库尤村，房子下面的地下室被用作冷藏室。有一天，德米尔在冷藏室偶然发现一个洞口，好奇心促使他向下挖掘……

到今天为止，人们在这一地区发现的地下城市不下36座。其中并不是所有的都像卡伊马克彻或代林库尤附近的地下城市那么大，但都称得上是城市。现在人们已经绘制出了这些城市的俯视图。熟悉这一地带的人认为，地下城市的数量远不止这些。现在所发现的地下城市相互间都通过地道连接在一起。连接卡伊马克彻和代林库尤的地道，足有10千米长。

不可思议的地下城市确确实实存在着，可谁是建造者呢？它们是什么时候建成的？用途又是什么？对此，人们有着不同的见解和推测。当然也有人举出具体的史实加以考证。史实之一是在基督教早期，这一新生宗教的信徒寻求避难并最终选中了这里。最早的一批大约在公元2世纪或3世纪，以后一直延续到拜占庭时期，也就是阿拉伯军队困逼坚固的君士坦丁堡（即今伊斯坦布尔）的时候。当时的基督教徒确实曾在这里避过难，然而他们并不是真正的建造者，地下城

市在他们到来之前就已存在。地下城市到底是谁在何时修建的呢？推测如下：

有一点可以肯定，那就是这一带的地基是由凝灰岩构成的，因为附近就矗立着火山。只要有黑曜岩，即火石，地基就很容易被凿空，而火山在这一地区并不鲜见。就这样，也许花了仅仅一代人的时间，地基就被掏空了。地下城市大多是超过 13 层的立体建筑。在最低的一层，人们甚至发现了闪米特时代的器物。

闪米特人是一支古老的神权民族，大约在公元前 1000 年以前，他们曾在这一地区生活过。其都城哈图沙离代林库尤大约有 300 千米。闪米特人曾一度占领了古老的皇城巴比伦。最初的时候，闪米特的国王被看成是神灵，地位大致相当于古埃及的法老。闪米特人原本没有姓名，只是到后来才有了姓名。他们经常戴高帽子来装扮自己，这种帽子今天称作地精帽。戴这种帽子的人，全世界范围内都能见到，可见其传统之深远。这是人类想以此模仿外星文明使者和肢体不成比例的硕大头颅，称得上是一种爱美的表现。长期以来，对这种戴高帽的现象一直存在着许多曲解，其实，这在当时是一种世界范围内的时尚，并在一些地方，例如古埃及，通过雕塑和绘画被永久记录下来。

有人一直思考的一个问题是，人类为什么要把自己隐藏起来？一个明显的原因是由于对敌人的恐惧。谁会是敌人呢？

首先，假设地面上的敌人拥有军队，在地面上，他们肯定能看到耕种过的土地和空空如也的房屋。而地下城市里建有厨房，炊烟将通过通气井冒出地面，而被敌人发觉。人们无不知道，把呆在鼠洞般的地下城市里的人们饿死或者封死通气口憋死他们，都是轻而易举的事。所以，人们恐惧的不仅仅是地面上的敌人，他们在地下岩石中开凿避难之所，是因为他们害怕能飞行的敌人。这个猜想是否有道理呢？

当然有，闪米特人在他们的圣书《科布拉·纳克斯特》中就已描述过，所罗门大帝怎样利用一辆飞行器把这一地区搞得鸡犬不宁。不仅他本人，他的儿子，所有恭顺他的人，也都曾乘坐过飞行器。阿拉伯历史学家阿里·玛斯乌迪曾描述到所罗门的飞行并大致介绍了他的部族。当时的人类对于飞行现象产生恐惧，我认为这是完全可以理解的。也许他们曾被剥削、奴役过，所以每当报警的呼喊“他们来了”响起来的时候，人们就逃进地下城市。这和我们今天挖筑地下掩体防护自己的情形是一样的。

上述说法仅仅只是一种猜测。这

些地下城市到底因何而建，是何人所建，都还需要历史学家去研究。

卡纳克石阵隐藏的秘密

法国布列塔尼半岛的濒临大西洋的城镇卡纳克，是一块充满了神秘色彩的地方。这里除了有巨石砌成的古墓，最吸引人的便是郊外那一片片整齐排列的石阵。

长期以来，卡纳克石阵一直默默无闻，直到18世纪20年代才引起人们关注。这片石阵，据说曾有1万根石柱，而如今仅存2 471根。它被农田分为36片，以12根一排向东延伸。最高石柱露出地面部分达4.2米的莱芒尼石阵，地处城北1.5千米。从这里再向北，便是卡尔马里石阵，它比前者要小，与其相邻的凯尔斯堪石阵就更小些了，长约400米，远远一望，好像正在接受检阅的一队士兵。

对此，人们众说纷纭，莫衷一是。不少学者相信，石柱是凯撒大帝时代的产物。19世纪初，考古学家在卡纳克发现许多蛇崇拜的遗迹，这使人产生联想：那一条条逶迤延伸的石队或许是蛇的模拟图形。还有人推测，这个石阵是晒鱼场、市场、旅馆、妓院的遗址。现今甚至有人称它是外星人访问地球的飞船基地。

1959年，专家们确认卡纳克为世界上最大的新石器文化发源地之一。

正如对石阵进行了长期考察的英国考古学家欧文·霍丁霍姆所说，这个石阵就像金字塔一样，为人类留下了永恒的不解之谜。

令人纳闷的是，这么大规模的石柱群为何在18世纪以前的历史记录中只字未提？这也是石柱群令人感到神秘莫测的主要原因。人们无法从文献中探知它的形成及作用，于是便开始了种种推测。

有的说，卡纳克镇守护神可内利在公元前56年，为抗拒凯撒大帝的罗马大兵入侵而亲登镇北山丘，在奇迹般的神力作用下，将一个个追赶来的罗马人封死在原地，变成石柱。有的说，罗马人竖立石柱，是为了作为庇护帐篷的挡风墙。

这些论调当然是仁者见仁，智者见智。虽然石柱群之谜还有待于将来的解开，但至少有一点可以肯定，就是经过放射碳14测试，这些石柱群早于公元前4650年便已经存在了。

18世纪前，考古学家在法国的布列塔尼半岛上挖掘出的呈不规则排列的巨大石柱群是世界考古史上最神奇的伟大发现之一。这个被英国考古学家海丁翰教授称为“比金字塔更为神秘”的石柱群，无论从它们的重量、数量、高度和历史的久远程度来看，

都足以取代英国沙利斯伯里平原上的石群，成为名副其实的世界巨石之最。

神秘莫测的英国巨石阵

在英国古老而广漠的平原上，矗立着许多奇特的巨石建筑，它们默默地在风雨中经过了几千年，注视着人间的沧桑，这就是令人百思不解的古代巨石阵遗址。这些雄伟壮丽的神秘巨石阵吸引了来自世界各地的旅游观光者和众多为之困惑的考古学家、历史学家、建筑学家和天文学家。

英国巨石阵

著名的巨石阵遗址位于英格兰南部沙利斯伯里。石阵的主体是由一根根巨大的石柱排列成几个完整的同心圆。石阵的外围是直径约 90 米的环形土岗和沟。沟是在天然的石灰土壤里挖出来的，挖出的土方正好作为土岗的材料。紧靠土岗的内侧由 56 个等距离的坑构成又一个圆，坑用灰土填满，里面还夹杂着人类的骨灰。这些坑是由 17 世纪巨石阵的考察者约翰·奥布里发现的，因此现在通常称之为“奥布里坑群”。坑群内圈竖着两排蓝沙岩石柱，现已残缺不全，有的只留下原来的痕迹。巨石阵最壮观的部分是石阵中心的砂岩圈。它是由 30 根石柱上两两架着横梁，彼此之间用榫头、榫根相连形成的一个封闭的圆圈。这些石柱高 4 米、宽 2 米、厚 1 米，重达 25 吨。砂岩圈的内部是 5 组砂岩三石塔，排列成马蹄形，也称为拱门，两根巨大的石柱，每根重达 50 吨，另一根约 10 吨重的横梁嵌合在石柱顶上。这个巨石排列成的马蹄形位于整个巨石阵的中心线上，马蹄形的开口正对着仲夏日出的方向。巨石圈的东北侧有一条通道，在通道的中轴线上竖立着一块完整的砂岩巨石，它高 4.9 米，重约 35 吨，被称为踵石。每年冬至和夏至从巨石阵的中心远望踵石，日出隐没在踵石的背后，增添了巨石阵的神秘色彩。

根据科学家实地考证，巨石阵最早是建于新石器时代后期，约公元前 2800 年，那时已建成了巨石阵的雏形——圆沟、土岗、巨大的踵石和“奥布里坑群”。公元前 2000 年开始是巨石阵建筑的第二阶段，整个巨石阵基本形成。这个阶段的主要建筑是蓝沙岩石柱群和长长的通道。巨石阵的第三期建筑最为重要，约在公元前 1500 年，这时建成了沙石圆和拱门，巨石阵已全部完工，这就是我们现在看到的雄伟壮丽的巨石阵遗址的全貌。需要指出的是，整个巨石阵的工程需要 150 万个工人，而在整个建筑过程中，始终没有用轮载工具和牲畜的痕迹。

从现在看来，巨石阵的建筑规模和工程难度对于早期人类来说，简直是不可思议的。它的建成比埃及最古老的金字塔还要早 700 年，然而究竟是谁建造了这雄伟的巨石阵，现在仍然众说纷纭。有人认为是当地早期居民凯尔特人建造的墓穴，也有人认为是古罗马人为天神西拉建造的圣殿，还有人认为是丹麦人建造用来举行典礼的地方，然而这些虚无缥缈的想象都没有确凿的证据。

无数学者经年累月地找寻着巨石阵的建造者。学者们慨叹巨石阵与埃及金字塔一样的神秘莫测，有人提出巨石阵的建筑石料均是从 160 多千米外的地方运输而来，开采、运输、安放如此巨大的石块，必须具备高超的技术巨匠，于是他们认为巨石阵与金字塔出于同一位巨匠之手。

学者们甚至使用了当前最先进的仪器设备考察巨石阵的奥秘，奇怪的是，他们发现巨石阵竟能发出超声波！古人在刀耕火种的时代怎么会知道超声波呢？

学者们的考察研究又掉入了迷洞。无奈，他们只能把巨石阵的建筑光荣给予地球外的生物——外星人。

巨石阵真是外星人建造的吗？没有证据否认，也无证据肯定。

学者们除了苦恼于无法断定巨石阵的承建者是谁外，对巨石阵的用途也各说不一。

有学者认为巨石阵是远古时代的天文观测仪器。持这种观点的当然是一些天文学者。的确，巨石阵的神秘色彩与天文学有异乎寻常的联系。早在 200 年前，就有人注意到巨石阵的主轴线指向夏至时日出的方位，而冬至的落日又在东西拱门的连线上。1965 年，波士顿大学的天文学家霍金斯通过计算机测定，巨石阵的排列可能与太阳与月亮在天空运行的位置有关，而 56 个奥布里坑群则能准确地预报日食、月食。在他的《巨石阵解谜》一书中说道：“实际上，奥布里坑群组成的圆环可能曾被用来推测许多天体的运行情况。”他还推断祭司们是通过转动坑群标记来跟踪日月运行进行推算的。

这种天文学观点曾轰动一时，得到不少人的支持，但是巨石阵究竟是否真的是天文观测仪还有争议。巨石

文化专家阿特金森指出：当时蒙昧落后，没有任何先进计算工具的史前人类是不可能建造出如此精密的天文仪的。英国天文学家霍伊耳也提出异议：作为天文观测仪的材料为何一定要用难以开采的大砂岩而不是轻便的木材和泥土？这样不是要耗用大量的劳力吗？而且奥布里坑群中的人类遗骨也很难与天文学联系起来。再说，如果是高度发达的史前文明的结晶，为什么又消失了呢？这样人们又回到宗教这个传统观点上去，甚至有人把巨石阵与外星人联系起来。

也有学者认为巨石阵是原始人狩猎的特殊装置。由于巨石阵的全部建筑时间都属于新石器时代，一些专家认为，巨石阵是猎取大型野兽的机关。他们认为由于当时的工具和武器都很原始，为了猎取较大的野兽，如猛犸、熊、河马、犀牛等，又不使自己受到伤害，人们就想出了这种办法。专家们认为，今天人们只看到巨石阵的残迹，当初它一定还有一些由木头、骨头和兽皮等制作的构件，由于年代久远早已不复存在。另外，残迹旁还有许多多余的石头，看来也有一定用处。由此他们的结论是，巨石阵很可能是一种狩猎、生活多种用途的设施。复原后的结构可能是这样的：

巨石柱围着的是一个院子，在两根石柱之间留有洞口，其大小可以通过较大的野兽，在每个洞口的上方，有一块用木棍支撑的数千克重的大石头——“警戒石”。当猛兽从外面碰倒支撑木棍时，石头立即砸下来，打在野兽身上，同时发出警戒信号。

院子内侧，紧对洞口的地方还安放了第二道防线，即一块巨大的“打击石”。当野兽闯过第一道防线时，站立棚顶的人，便牵动操纵绳，使打击石劈头盖脸地砸下来。

院内的中央还建了一座二层小楼，是由圆木和一些巨石柱围建而成的，楼板铺在巨石柱的上面。为了便于监视大院及其周围，从楼板到第一圈石柱有木桥相连。

当然，这种狩猎设施并非守株待兔地等待野兽来临，一般是在其中放置一些引诱物，如利用野兽幼仔的叫声作诱饵。为此，可以把捉来的幼兽拴在小院内两块巨石之间，让它头向着石缝，并不断地叫唤。兽群在听到幼仔的叫唤声后，会立即包围院子，并不顾一切拼命冲入院内。如果野兽未被砸死，楼上的猎人则投掷石块，将被困的野兽置于死地。

击中野兽后，院内的人一方面把猎物拖进小楼的二层进行加工——剥皮、取出内脏、把肉分成小块。兽皮和肉等有用的东西放在楼上晾干、贮藏起来，而其他无用之物则扔到楼下作为诱饵，以引诱野兽进入圈套。每次狩猎后，他们又将迅速地把警戒石、打击石等恢复原状，以迎接下一次狩猎。

更多的学者却说巨石阵纯粹就是古人举行祭礼的宗教场所。最早记载有巨石阵的《中世纪编年史》一书中，描绘的是亚瑟王的谋臣梅林用魔法把巨石阵从爱尔兰移到英格兰做墓地。学者们把巨石阵的石桌视为石棺，把高大直立的石条视为重大事件和人物的纪念碑。同时在空中俯瞰巨石阵时，能清晰地看出巨石阵是极有秩序地排列成了蜥蜴、鹰等动物的图案，谁又敢否认这些动物不是当时古人们心中的图腾？

更有学者干脆把巨石阵视为一种文化，一种古人对巨石的崇仰与尊重。古人崇尚巨石般的坚毅威猛，向往巨石般的牢固与结实，是古人对心中理想的完美垒砌。

众说纷纭，无法有一权威的推断。几百年来，人们陷入了对巨石阵不断探索的苦苦追求之中。

马耳他巨石建筑之谜

除了神秘莫测的英格兰巨石阵外，20世纪初以来在地中海上的马耳他岛也陆续发现了多处规模宏大、设计独特的史前巨石遗迹。这些不可思议的巨石遗迹的建造者是谁？在蛮荒落后的石器时代，他们为何耗费如此巨大的精力来建造这些巨石建筑？它的用途何在？人们百思不得其解。

作为古文明的一部分，巨石遗迹遍布世界各地。例如埃及的金字塔，复活节岛上的巨石建筑，英格兰的巨石阵，法国布列塔尼半岛的巨石遗迹……凡此种种，不一而足。据考证，这些巨石遗迹约建造于公元前3500年—前1500年间的石器时代。自从有文字记载以来，关于这些古怪巨石建筑的来历和用途就引起了人们的种种猜测。中古时代的人们普遍相信，是魔鬼或巫师建造了这些巨石建筑，或者它们是由大洪水前地球上出现的巨人所建。也有人认为它们是古代塞尔特人的督伊德教祭司所建。另外一些人则认为，欧洲的巨石建筑是由失落的亚特兰蒂斯帝国所建。这些巨石遗迹究竟何时建立？由谁而建？因何而建？是庙宇、坟墓，还是所谓的古代“计算机”？学者们上穷碧落下黄泉，始终无法找出一个合理的解释。

在所有的远古巨石遗迹当中，马耳他岛上的巨石建筑独具特色。与目标明显的英格兰巨石阵不同，马耳他岛巨石建筑的发现纯属偶然。马耳他岛是地中海上的一个小岛，面积246平方千米，位于利比亚与西西里岛之

间。就在这个微不足道的小岛上，20世纪以来人们却接二连三地发现了30多处史前巨石建筑遗迹。其奇特的设计和宏大的规模，引起了人们强烈的兴趣，在欧洲掀起了“史前巨石建筑研究热”。

1902年，马耳他岛繁荣兴旺的佩奥拉镇发生了一起轰动世界的大事。当时一群建筑工人正在为一家食品店盖房，其中有几个工人为建造一个蓄水池正满头大汗地凿着地下的岩石。突然，脚下的岩石露出一个洞口，待凿开一看，竟是一个通过凿通硬石灰岩而建成的宏伟的地下室。起初，工人们并没有在意，只是把凿下来的碎石、废泥以及垃圾堆放在洞穴里面，但其中一个颇有头脑的工人认为此事非同寻常，便向当地有关部门作了汇报。闻讯赶来的考古学家们对洞穴仔细地进行了挖掘和清理，一个规模宏大、设计独特的史前建筑逐渐清晰地呈现在世人面前。沉寂的马耳他岛由此一时名声大噪。

这座巨大的石制地下建筑共分3层，最深处距地面12米，错综复杂，仿佛一座地下迷宫。它由上下交错、多层重叠的多个房间组成。里面有一些进出洞口和奇妙的小房间，旁边还有一些大小不等的壁孔。中央大厅耸立着直接由巨大的石料凿成的大圆柱、小支柱，支撑着半圆形的屋顶。整个建筑线条清晰、棱角分明，甚至那些粗大的石架也不例外，没有发现用石头镶嵌补漏的地方。它的石柱、屋顶风格与马耳他其他许多古墓、庙宇如出一辙，但别的庙宇都建在地上，这座建筑却深藏于地下的石灰岩中。由于构造奇特，人们借用希腊文“地窖”一词来形容它，意为“地下建筑”。

这座“地下建筑”是“庙宇”还是“坟墓”？在生产力极其落后的石器时代，马耳他的岛民为何耗费如此巨大的精力来建造这座庞大的地下建筑？

有人认为它是一座地下庙宇。在这座地下建筑中，有一个奇妙的石室，人们称之为“神谕室”。由于设计独特，石室内产生了一种神奇的传声效果，因此石室又被称之为“回声室”。这个石室的其中一堵墙被削去了一块，后面是状似壁龛、仅容一人的石窟，一个人坐进去照平常一样说话，声音会传遍整个石窟，并且完全没有失真。由于女人声调较高，不能产生同样的效果，设计者就在石室靠顶处沿四周凿了一道脊壁，女人的声音就沿着这条脊壁向外传播。正是因为有这个石室存在，考古学家断定这座地下建筑是一个在宗教方面有着特殊用途的建筑物，说不定它就是祭司的传谕所。此外，考古学家在发掘过程中发现了两尊侧身躺卧的女人卧像，还发现了几尊丰乳肥臀也许以孕妇作为蓝本的女人卧像。据此，考古学家推测，这里或许是崇拜地母的地方。由于整个建筑埋在地下，不见天日，因而显得阴森怪异。设想一下，当一个虔诚的原始人置身于这样一个诡秘幽玄的地下石室时，突然传来隐身人的说话声，他能不毛骨悚然从而对其产生敬畏之情吗？

然而，这座建筑真的就是一座地下庙宇吗？事实并非如此简单。越往地下深层发掘，考古学家发现它越不像是庙宇所在，尤其是在一个宽度不足12米的小石室里竟然发现埋藏有7 000具骸骨。这些骸骨并不完整，骨殖散落在狭小的空间中，说明是以一种移葬（即初次土葬若干年尸体腐烂成了骷髅后，捡拾骨殖到别处重新安葬）的方式集中起来的，这种埋葬方式在原始民族中很普遍。地下室难道是善男信女们的永久安息之地吗？

根据挖掘出来的牛角、鹿角、凿子、楔子、两把石槌以及做精工细活用的燧石和黑曜石判断，再根据其建筑风格推测，此地下建筑约建于公元前2400年前后，当时岛上正处在石器时代。那么，岛上居民什么时候把骨殖放到这个地方来的？马耳他的居民又为什么要如此安放骨殖？没有人知道，也没有人知道这座地下建筑在什么时候变成了墓地。兴许初建时它就兼有庙宇和坟墓的双重用途。也许这是一座仿效地上建筑而建的一座地下庙宇，也许它就是死者的安息之地。这些问题均无从回答，难以确定，很多解释也都在两可之间。

继发现地下建筑后，马耳他岛又陆续发现了另外一些石器时代的石制建筑。1913年，在该岛一个名叫塔尔申的村庄发现了巨大的石制建筑。经考古学家鉴定，这是一座约在5 000多年前建造的庙宇。庙宇占地达8万平方米，是欧洲最大的石器时代遗址。站在这座庙宇的废墟面前，首先映入眼帘的是一道宏伟的主门，通往宽敞的厅堂和有着错综复杂走廊的各个房间。整个建筑布局精巧，雄伟壮观，好多个祭坛上都刻有精美的螺纹雕刻。

这种精心设计的巨石建筑遗迹在马耳他岛上不止一处。在哈加琴姆、穆那德利亚、哈尔萨夫里尼，考古学家们也发现了几座经过精心设计的庞大建筑物。它们都用石灰石建成，有的雕琢粗糙，有的琢磨光滑，有的建筑物的墙上有粉饰，有的则精雕细刻，各有特色。哈加琴姆的庙宇用大石块建造，里面发现了一些石桌，它们排列在通往神殿门洞内的两侧，有些石桌至今未能肯定究竟是祭台还是柱基。考古学家在神殿里还发现了多

尊母神的小石像。这座建筑是最复杂的石器时代遗迹之一，许多谜团有待进一步考证。

穆那德利亚的庙宇又是另一番景象。它大约建于4 500年前，由于建在海边的峭壁上，可以在上面俯瞰苍茫无际的地中海。它的底层呈扇形，是典型的马耳他巨石建筑的特征。那些大石块由于峭壁的掩护，很少受到侵蚀风化，保存得相当完好。

最令人感到神秘莫测的是名为“蒙娜亚德拉”的一座神庙。这座庙宇又被称为“太阳神庙”，它的结构很奇特，人们在惊叹之余又疑雾重重。一位名叫保罗·麦克列夫的马耳他绘图员曾对这座庙宇进行了仔细的测量，根据测量出来的数据，他提出一个惊人的假设：这座庙宇实际上是一座相当准确的太阳钟！保罗·麦克列夫指出，根据太阳光线投射在神庙内祭坛和石柱上的位置，可以准确地显示夏至、冬至等一年中的主要节令。而且，更令人震惊的是，这座神庙是在公元前 10205 年建成的，也就是说离现在已经有 1.2 万年了。在那个遥远的年代，神庙的建造者居然有那么高深的天文学和历法知识，能够周密地计算出太阳光线的位置，设计出那么精确的太阳钟和日历柱吗？

不少学者的研究表明，马耳他岛上的巨石建筑的建造者们在天文学、数学、历法、建筑学等方面都有极高的造诣。这些庙宇有的本身就是可以判断节令的历法标志，有的甚至还可用作观测天体的视向线。另外还有人提出，这些庙宇能当做一部巨型计算机，准确地预测日食和月食。这是庙宇的真实面貌还仅仅是一种巧合？

马耳他石器时代的巨石建筑遗迹使人们对名不见经传的马耳他岛刮目相看，同时又疑窦丛生：石器时代的马耳他岛居民真有这么高的智慧吗？如果真是这样，那么他们是怎样获得这些知识的？为什么他们在其他领域却没有相应的发展呢？是什么原因激发了他们建造巨石建筑的热情？这些“知识”又为什么莫名其妙地中断了？这一切至今仍没有人能够圆满回答。

美洲大陆上的传奇

MEI ZHOU DA LU SHANG DE CHUAN QI

埋葬地下的大都市

被埋葬在地下的古代墨西哥最具轰动效应的大都市特奥帝瓦坎早在阿兹特克人时期就已是一座废墟。他们以为这是古代诸神的墓地。

诸神飞向宇宙，却留下这座大都市的规划和建筑。

不知负责修建特奥蒂瓦坎城的祭司建筑师到底是谁。有一点没有争议，那就是特奥蒂瓦坎城为墨西哥高原最古老的文明之一，始建于公元前1000年左右。

特奥蒂瓦坎城非一日建成。考古学家现已确定了它的5个建城时期。在公元600年左右的繁荣时期，特奥蒂瓦坎拥有约20万人口。

20世纪的城建经验告诉我们，城市的发展是多么杂乱无章，缺乏系统。特奥蒂瓦坎却完全是另外一个样子。在这里，从一期建造开始就有完备的计划，并在以后的扩建中得到严格遵守。1000年不算太短，对于今天的城市管理部门来说，让他们现在的设计规划经受住这么长时间的考验只不过是一个梦想。

女考古学家劳瑞特·泽约涅曾多年领导特奥蒂瓦坎的发掘工作。她认为，在这高度文明的发祥地，存在着一个尚未完全揭开的秘密：这样非凡的智慧从何而来，竟然可以成就如此伟大的规划？

人们不知道那些神秘的设计建造者是准，于是以这座城市的名字称呼他们——特奥蒂瓦坎人。

一条纵贯南北的豪华大道，长3

千米，宽 40 米，人们叫它“冥街”。这确实是一条豪华的街道，左右两侧点缀着金字塔和神庙平台。朝北望去，林荫道的坡度足有 30 度；站在南端，会有一种错觉——街道仿佛直通云天。于是就成了这样：站在低处一端，就会看到高度相等的台阶组成的楼梯无边无际，最后与 3 千米外的月亮神金字塔融为一体。

反之，站在月亮神金字塔上，看到的不过是一条笔直的街道，所有的台阶像是让神一笔抹去了。

正式的说法是，那些特奥蒂瓦坎的神秘设计者应是石器时代人类。测量一条长 3 千米的街道——方法是每隔几米建六级台阶一处平台，所有这些台阶和平台需在不断升高的街道尽头分毫不差地与一座巨型金字塔相融该是多么困难。因为不能有一级台阶、一处平台和一块间隔与标准发生偏差。这真是石器时代的作品吗？

冥街尽头的月亮神金字塔是一座梯形塔式建筑，塔基为 150 米×200 米，比两个足球场还要大。此塔建在 44 米的高度上，有 5 个中心走廊，中部的宽台阶延伸至最高的平台，平台上面该是有一座闪闪发光的金色神像。

从月亮神金字塔望去，左面是中美洲最有纪念意义的建筑物——太阳神金字塔，占地 222 米×265 米，比月亮神金字塔高 20 米。从最高平台望去，给人的感觉是太阳月亮两塔等高，这种错觉是街道的坡度造成的。

另外，特奥蒂瓦坎太阳神金字塔的体积要大过吉萨的胡夫金字塔，据估算，它用了 100 万吨的黏土砖和石料。两座金字塔外沿原本都抹上了硬灰浆，色彩一定是饱满而鲜明的（从残留的痕迹还可以看出）。太阳神金字塔塔顶曾有一座金银铸成的神像。

冥街上有许多不同的金字塔遗址、平台和装饰繁复的浮雕，图案多是羽蛇，还有猴子、美洲豹和手里拿着不知何物或是背上长着翅膀的祭司。

特奥蒂瓦坎的带魁扎尔科亚特尔神神庙的城堡是一个比较大的建筑。说是“城堡”又不免有些荒唐，因为人们会理解成“要塞”的意思。其实，特奥蒂瓦坎的城堡和要塞没有什么共同之处，就像印度神庙和法兰克福中心火车站一样不相干。当然了，这名字并不是建造者起的。太阳神金字塔、月亮神金字塔、城堡、魁扎尔科亚特尔神神庙——我们就这么叫，但是从来没有在意过建造者给他们的得意之作起了什么名字。

城堡的边长通常为 400 米，北、南、西三边各有 4 座金字塔，如今只剩下一些残垣断壁了。魁扎尔科亚特尔神庙有石雕花纹装饰：羽蛇蜿蜒在曲状花纹中；楼梯墙壁和浮雕上狰狞的魔鬼面具死死地盯着你；神庙墙角趴着巨型羽蛇，头上发光，脸像喷火龙。古代中国也有这样的图案，诸神骑着火龙从天而降，并且也是在墙角。

今天，在刺眼的阳光下，呈现出白—灰—褐三色，从前的色彩一定像彩虹般绚丽。每个神都拥有自己的颜色，浮雕不仅仅是装饰，还有着特别的宗教意义。

魁扎尔科亚特尔神神庙的装饰花纹表明，在阿兹特克时期和玛雅时期之前就有这种飞翔的蛇神形象了。

在街道旁边的神庙平台和金字塔后还有一些建筑群，今天我们认为那里是住宅区。出土的30多间房屋构成完整的住宅区，还包括小型神庙、礼拜堂和完备的下水管道。整个城市被划为若干个手工业区：这角是制陶作坊，那角是石雕作坊，第三角是纺织作坊。笔直的马路贯穿全城，垂直交叉。特奥蒂瓦坎就是中美洲的纽约城！

几年前，考古学家在山城和山顶周围发现了一些岩石划痕，舒展的线条在特奥蒂瓦坎上空织成一张网络。有人曾于3月21日春分时从太阳金字塔塔顶向西眺望，太阳毫厘不差地在一块标有记号的石头下坠入地平线。在以西14千米处的塞罗奇科瑙特拉，也见到过类似的划痕记号；35千米以外也有。

一座门很有名，它通向大金字塔下面，那里面有4间房子，人们叫它“神洞”。考古学家猜测，整个建筑就是建在神洞之上的，神洞代表地狱的入口和中美洲的中心。朝圣者、商人和殖民地开拓者络绎不绝来此朝拜。

另外在太阳神金字塔不远处有一处地窖，游人禁止入内。这是一个真正的谜，专业人士也无法解释。一层厚厚的云母层将许多房间隔开，奥妙到底在什么地方？

看一看地窖的窖顶：先是一层石头，然后是15厘米厚的云母层，最后又是一层石头，很像一个大三明治——面包、火腿、面包。

看门人打开地面的铁盖，一瞬间，阳光射进洞口，强烈的光束为云母所反射。目前已发现了30米厚的云母层。

可是，特奥蒂瓦坎房顶上的云母是从哪儿来的呢？用途又是什么？一个考古学家认为，云母在阳光下熠熠生辉，因此当做太阳反射器用。

这不对。屋顶上的云母像三明治，根本接触不到阳光。就算要把整个屋顶铺满云母，用以大量反射阳光，薄薄的一层就够了，15厘米未免太厚了。

没有什么巧妙的解释方法，只能

动用一下我们可怜的理解和想象，以期找到贴近的答案。神洞的屋顶与外隔绝，是不是因为其中装有敏感的设备？是防电（闪电），还是抗酸、抗高温？如果开始靠题了，新的问题也随之出现了。那就是石器时代的建造者是从哪里知道云母的多种性能的？特奥蒂瓦坎人在干活的时候既不使用危险的酸和电，也不会经历高温。地质学家确认特奥蒂瓦坎地下的人工云母层为莫斯科云母，我们的祖先把它称作“来自莫斯科的玻璃”。

肯定有人知道从哪里可以进口这些云母，对其质量也了如指掌。石器时代的建造者能担此重任吗？

奥尔梅克之谜

墨西哥古代史上有个玛雅之谜，但你知道在玛雅之前还有一个奥尔梅克之谜吗？

约在公元前 1200 年—公元 80 年间，在中美洲的墨西哥海湾的炎热海岸上，有一处地方地势低洼、潮湿。这地方离同在墨西哥的塔巴斯科和韦腊克鲁斯不远。一个神秘的民族在这儿生活了好几个世纪，并且创造了灿烂辉煌的文化。这就是奥尔梅克人。

但是，关于奥尔梅克人的历史一直被认为是神话。在哥伦布来到新大陆之前，居住在墨西哥高原上的一些民族一谈起奥尔梅克人，就说“这是些生活在太阳升起的地方的人”。在阿兹特克人的古诗里，也把奥尔梅克人居住的地方称之为“雨之地”。

当玛雅人的宏伟神庙、高耸的金字塔出现在中美洲的土地上时，奥尔梅克人却消失不见了。他们所建造的金字塔、祭坛密集的城市、诡异的石碑、用黄金和玉石雕刻的饰物最终也被无情的热带雨林所吞没。

岁月埋葬了奥尔梅克人的一切。人类对于这些神秘人们的生活已经一无所知了。当历史学家和考古学家在中美洲玛雅人的蔚为壮观的废墟之上考察时，他们始终认为，玛雅废墟代表了中美洲最早的文化。这种情况一直持续到 1862 年。

有一年的夏天，在委腊克鲁斯省的圣安德雷斯·图斯特拉村不远，一个农民在土壤中发现了一件巨型雕刻品的上半部——一个巨型石头像。这一发现当时没有引起人们太大的注意，因为在墨西哥湾沿岸的土地上令人神往的遗址太多了。

然而，当地人陆续发现巨型头像的消息不断传来，终于使考古学家和历史学家注意到这块沉睡了数千年的土地。1925 年，来自欧洲的法国考古学家弗朗茨·布洛姆和奥利维尔·拉法尔杰登上了塔巴斯科河流和沼泽环绕的拉范达岛上，他们在这里发现了第二个巨型头像。1938 年，史密森博物馆的马休兹·斯塔林根据当地人的报告，在委腊克鲁斯的特雷斯·联波特克村附近发现了另一个巨石头像，它高约 2 米，重约 10 吨。

1939 年，他再次来到了拉范达岛上。除了发现 4 个巨型头像外，还发现了一座刻有神秘莫测的图案和碑文的重达 50 吨的石碑，还有祭坛和一座高约 33 米的土金字塔。考古学家们还在地下发现 3 条用绿石铺成图案的甬道。这里有排水渠道，但却没有人居住过的痕迹。考古学家们断定，这是奥尔梅克人举行某种神秘仪式的地方，至少在奥尔梅克人存在的 400 年中，他们总是定期在这里埋葬用玉和石制造的祭品，向他们视为丛林恶神的图腾动物——美洲虎膜拜。从拉范达岛上这个祭祀中心的位置、方向和布局来看，奥尔梅克人已经有了数学和天文学的知识。

到目前为止，在塔巴斯科和委腊克鲁斯地区一共发现了三个奥尔梅克人的祭祀中心：拉范达，圣洛伦索和特雷斯萨波特克，在这些地区一共有 15 个奥尔梅克人的巨型头像。它们都是用重 10 吨、25 吨，甚至 40 吨的独块玄武岩巨石雕琢成的，高度为 1.5～2.9 米。这些头像有一个共同的特征：亚非人种的嘴唇，扁平的鼻子，张着嘴唇两眼呆板，充满诡秘气氛。这些头像都是年轻人的形象，他们戴有头盔，覆在前额的带子和耳罩异常醒目。头像雕刻工艺十分精美，虽然历经数千年的风雨，仍然保持着诱人的艺术魅力。人们把这种巨石头像叫做奥尔梅克人头像。

此外，奥尔梅克人还留下了一些其他形式的人像雕刻品，或是用绿玉雕成的手执奥尔梅克人尊敬和害怕的侏儒的立像，或是腰围金属带，带上刻有至今无法译读的符号的坐像。它们和那些巨型头像一样，面型三分像人，七分像美洲虎。

自从发现了这些巨型头像和奥尔梅克人的其他遗物，使考古学家、历史学家激动万分，因为他们找到了一个有着惊人文明、更古老的民族。可是学者经过频繁的调查后发现，除了承认奥尔梅克人的文化对后来的一些中美洲文化产生过巨大影响外，对奥尔梅克人的生活、发展历史所知甚少，还近乎空白。

如此看来，要揭开奥尔梅克之谜，还需要考古学家和历史学家的共同努力！

森林中的玄武岩脑袋

墨西哥的民间有一个古老的传

说：远古时代，在茫茫密林丛莽之中，世世代代繁衍生息着一个曾经创造过高度文明的部族——拉文塔族。他们过着很富裕而又极欢乐的生活，他们生活的环境美似仙境，被称为“人间天堂”、“乐园”。他们居住在雄伟壮丽的城市里，城市四周是高耸云端的巍峨山峦，山峦上终年云雾缭绕，城里宫殿厅堂林立，庙宇栉比，结构复杂，建筑布局和谐，在墙壁和天花板上有大理石镶嵌的精细雕刻，有用黄金和珠宝镶嵌成的壁画，金光灿灿，蔚为奇观。据传说，许多宏大的公共建筑物都用巨大的金块砌成拱门，光彩夺目，部族首领所戴的帽子和衣袍上都装饰着黄金，甚至连马鞍、拴马桩、狗项圈等也都是用黄金制成的。

关于这个神秘部族的传说还有许许多多，并在民间广泛流传，越传越神奇。相传在1000多年前，这个部族突然消失得无影无踪了，他们究竟到哪里去了呢？这成为墨西哥历史的一个千古奇谜，至今谁也无法说出他们曾经生活过的具体地点和真实情况。

历代许多考古学家和人种学家、民族史学家都想方设法四处寻找拉文塔族的下落，可是都一无所获。直到1938年，才有人在传说拉文塔族当年居住过的原始森林里，发现了11颗全由玄武岩雕刻而成的石脑袋。这些石脑袋大小不一，最大的16米，最小的约6米，最重的约20吨以上。所有石像，都只有脑袋，而没有身躯和四肢。其中有一颗石脑袋上，刻有许多奇形怪状的图画式的象形文字，但至今仍无人能全部认识。

有些专家根据文字中一连串的点、划来综合考证，这颗石脑袋雕成的日期大约是公元前291年。这些石脑袋都是威武的军士头像，雕工细腻，娴熟地刻画人物的脸部表情，神态逼真，表明当时在雕刻方面具有很高的艺术造诣，堪称古代美洲雕刻工艺的精华。

有些学者认为，这些硕大的石脑袋很可能都是传说中已消失了的远古拉文塔人留下的作品。大约在距今约1.1万年—5000年前，墨西哥已经出现了较高的石器时代文化。墨西哥有确切文献资料可考的历史是从公元前2300年左右开始的。到公元前2000年左右，墨西哥进入原始公社的繁荣时期，当地部落过着定居的农业生活，有了管理组织和宗教组织，种植玉米、豆类和棉花等作物，石器中出现石杵和石臼，大量制作陶器、泥俑等，并能纺纱织布。公元前1250年—公元200年，墨西哥人创造了象形文字、计数法和历法，常用达数吨或几十吨的整块巨石雕琢面带微笑的石刻头像。他们遗留下许多用硬玉雕琢或用巨石雕刻的人像。据推测，这 11 颗全由玄武岩雕刻而成的石脑袋，乃是墨西哥古典文化的先驱——奥尔梅克文化时期的产物。

古人为什么要雕刻这 11 颗硕大的石脑袋？作何用途？有何目的与意图？这些石脑袋为什么都没有身躯、没有四肢？其脸型究竟以当时什么种族人为“模特儿”？对这些问题，至今史学界仍无法作出准确的解释。

更令人惊奇的是：雕刻这些石脑袋的石料——玄武岩，全部是从 300 多千米以外的地方搬运来的。当时墨西哥以及整个美洲都还没有车轮，也没有牛、马、骆驼等畜力运输工具，只靠人力，他们是用什么方法把重达数十吨的整块巨石刻成的石脑袋搬运进原始森林里去的呢？至今仍是不解之谜。在科学技术较低下的远古时代，这是一个不可思议的奇迹。

从天而降的玛雅文明

玛雅文明，这个在公元前 1000 年前，由简朴的农渔社会发展出的辉煌文化，又在不知名的摧残下，沦于衰亡的民族，究竟得自什么力量，能在石器时代创建出傲世的文化？又遭遇何种苦难，消失在中美洲的热带雨林区？

玛雅人居住的领域包括中美洲的心脏地带，横跨危地马拉、贝利兹、墨西哥、洪都拉斯和萨尔瓦多部分地区，分别以 3 个互相隔离的区域为中心——齐阿巴斯和危地马拉高原的南部高地、太平洋潮湿的沿海平原与萨尔瓦多西部、墨西哥湾伸到贝利兹一带及洪都拉斯的热带雨林区。主要人口则集中在今天危地马拉的佩登省和北犹如敦矮岩密布的低洼地区。

1983 年，一位英国画家在洪都拉斯的丛林中发现了一座城堡的废墟。

当然这座城堡里没有沉睡的美丽公主，只有灌木丛生的断墙残垣。坍塌的神庙上的一块块巨大的基石，无不刻满精美的雕饰。石板铺成的马路。标志着它曾经是个车水马龙、川流不息的闹市。路边修砌着排水管，又标志着它曾经是个相当文明的都市。石砌的民宅与贵族的宫殿尽管大多都已倒塌，但依稀仍可窥见当年喧杂而欢乐的景象。

所有这些石料，无不苍苔漫源，或被荒草和荆棘深深掩盖，或被蟒蛇一般行走的野藤紧紧缠裹。从马路和房基上破土而出的树木，无情地掀翻了石板。而浓阴逼人的树冠，则急不可待地向废墟上延伸，仿佛急于掩盖某种神秘的奇迹。

如此荒蛮的自然景象与异常雄伟

的人工遗址形成巨大的反差，令人们久久激动，不能自禁。

丛林中发现的这个城市披露之后举世震惊。20世纪以来一批又一批考古人员来到洪都拉斯，随后他们又把寻幽探胜的足迹扩大到危地马拉、墨西哥、秘鲁以及整个南美大陆。

无数的奇闻轶事随着考察队的到来而纷纷传出——玛雅人的金字塔可与埃及人的金字塔媲美。危地马拉的提卡尔城内的那座金字塔高达70米。墨西哥的巨石人像方阵令人困惑不解。特奥蒂瓦坎的金字塔其雄伟和精美堪称奇绝……

在墨西哥丛林中，有9座金字塔，塔中存放着精致的凹凸透镜、蓄电池、变压器、太阳系模型的碎片。塔内有一种空间形态能，可以使刀刃锋利起来，使有机物发生脱水反应。1927年，美国探险家马萨斯在一具棺椁底层的陪葬品中发现了一具水晶骷髅。它发出耀眼的七色异彩，具有麻醉般的催眠作用。然而，水晶的高级制作技术是1947年才开始的。根据以上事实，人们认为贮藏物不是地球上人类的作品。

不过金字塔出于玛雅人之手已无争议了。为了建造这九座金字塔，玛雅人跋涉于太平洋和哥第拉之间，把所需的石料运往墨西哥的丛林中，但是在通往金字塔的途中没有任何道路、建筑和车轮的痕迹，他们是使用什么工具把那些石料和塔中物品运过去的呢？人们猜测可能是飞船。

据统计，各国考察人员在南美洲的丛林和荒原上，共发现废弃的古代城市遗址达170多处。它为人们展示了一幅玛雅人在公元年前1000年—公元8世纪时，他们北达墨西哥南部的尤卡坦半岛，南达危地马拉、洪都拉斯，直抵秘鲁的安第斯山脉广阔的活动版图。它告诉人们玛雅人于3000年前，就在这块土地上过着安定的生活。

没有巨大的精神和物质力量的保证，即使受到来自其他星球智能生命的启发，美洲人也无法创造出这种奇迹。考古学家证实，在创造这一系列奇迹时，玛雅人已进入富足的农耕社会，并独立创造了属于自己的文字。

进一步的研究并没有使人解开美洲如何和为何建造金字塔之谜，反而让他们感到迷惑不解——玛雅人拥有不可思议的天文知识，他们的数学水平比欧洲足足先进了10个世纪，一个以农耕为惟一生活来源的社会，居然能有先进的天文与数学的知识，这的确是让人怀疑的。

还有，当我们面对着玛雅遗址异常灿烂的古代文明时，谁都会情不自禁地问：这一切是怎么来的？史学界的材料表明，在这些灿烂文明诞生以前，玛雅人仍巢居树穴，以渔猎为生，其生活水准近乎原始。有人甚至对玛雅人是否为美洲土著表示怀疑。因为，没有证据表明，南美丛林中这奇迹般的文明，存在着一种渐变，或称过渡阶段的迹象，没有一个由低而高的发展过程。难道玛雅人的这一切是从天而降的吗？

的确，这一切是从天而降的。地面考古没有发现文明前期过渡形态的痕迹，分析在此之前的神话传说，也无线索可言。玛雅文明仿佛是一夜之间发生了，又在一夜之间轰轰烈烈地向南美大陆扩展。

奇怪吗？是有点儿奇怪。除了“神灵”之外，谁还有这等魔法？不幸的是玛雅人的神话恰恰说明他们的一切都是神灵所赋予的。流传在特奥蒂瓦坎附近的神话告诉人们，在人类出现以前，众多的神灵曾在这里聚会过。

说玛雅文化从天而降似乎有些神乎其神了，但是它带给人们的思索却有很多，自从玛雅文明被发现以来，关于史前文明的讨论就变得异常热烈。当我们探寻玛雅文化的同时，又该如何书写人类的历史呢？

玛雅的历法之谜

按照常理来说，任何民族对外部世界的认识都必须和他们的生产方式相一致。否则，问题将很难理解。

世代居住在尼罗河畔的古埃及人对这条河流的汛期了若指掌，这是因为他们的耕地不仅需要河水灌溉，河水还能带来大量可以充当肥料的淤泥。久而久之，尼罗河沿岸居民便在观察河水与星相中，摸索出一套以星相预测汛期到来的办法。

墨西哥城外的特奥蒂瓦坎大金字塔，所有建筑的布局均依照星宿的位置排列。

考古学家们说，玛雅人的历法也是世界上最精确的。在彻琴伊特扎、提卡尔、科潘和帕伦克等地，巨大的建筑物都是按照令人难以置信的玛雅历法营造的。玛雅人建造金字塔并非出于自己的需要，他们建造神殿也并非出于自己的需要。他们建造神殿和金字塔，依照历法规定每隔 52 年必须在建筑物上造出数目固定的阶梯。每一块石头都与历法有着相应的联系，整个建筑与天文学的要求是要相符合的。

玛雅人的历法究竟精确到什么程度？请看他们当时采用的记载年代的时程单位：

20 金＝1 兀纳（即 20 天）

18 兀纳＝1 佟（即 360 天）

20 佟＝1 伽佟（即 7 200 天）

20 伽佟＝1 巴伽佟（即 144 000 天）

20巴伽佟=1皮克佟（即2 880 000天）

20皮克佟=1卡巴拉佟（即57 600 000天）

20卡拉巴佟=1金奇拉佟（即1 152 000 000天）

20金奇拉佟=1亚托佟（即23040 000 000天）

除了“佟”和“兀纳”采用18进位之外，其他时程单位均为20进位。

玛雅人认为一个月（兀纳）等于20天（金），一年（佟）等于18个月（兀纳），再加上每年之中有5个未列在内的忌日：一年实际的天数为365天。这正好与现代人对地球自转时程的认识相吻合。玛雅人除对地球历法了解得十分精确之外，他们对金星的历年也十分了解。金星的历年就是金星绕太阳运行一周所需的时间，玛雅人计算出金星历年为584天，而今天我们测算金星的历年为584.92天，这是个非常了不起的数字。几千年前的玛雅人能有如此精确的历法。这意味着什么？

在社会和生产的实践中，绝大多数的民族根据手指的数目，创造了10进位的计数法。而玛雅人非常古怪，他们是根据手和脚20个指头的启发，创造了20进位的计数法，同时，他们兼而还使用18进位计数法，这个计数法受何启发，根据何在？没有人能够回答。还有，玛雅人是世界上最早掌握“0”概念的民族。要知道数学上“0”的被认识和运用，标志着一个民族的认识水平。玛雅人在这方面的才能比中国人和欧洲人都早很多年。

玛雅人依照自己的历法建造的金字塔，实际上都是一种祭祀神灵并兼顾观测天象的天文台。

位于彻琴伊特扎的天文台是玛雅人建造的第一个，也是最古老的天文台。塔顶高耸于丛林的树冠之上，内有一个旋梯直通塔顶的观测台，塔顶有观测星体的窗孔。其外的石墙装饰着雨神的图案，并刻有一个展翅飞向太空的人的浮雕。这一切，令人遐思万千。

如果你还知道玛雅人在当时的情况下竟然知道天王星和海王星的存在，你不感到惊讶吗？他们的彻琴伊特扎天文台的观天窗口不是对准最明亮的星体，而是对准银河系之外那片沉沉的夜幕。他们的历法可以维持到4亿年之后，其用途究竟有何用意？另外，他们是从何处获悉并计算出太阳年与金星年的差数可以精确到小数点之后第四位数字的？

很明显，这一切知识已经超过了农耕社会的玛雅人的实际需求而令人不可思议。

既然超出他们的需要，就说明这些知识不是玛雅人创造的。那么，又是谁把这些知识传授给玛雅人的呢？在那个全世界各民族仍处在蒙昧的年代，又有谁掌握如此先进的知识呢？或许人类永远也无法解释清楚这些了！

玛雅“圣井”之谜

在彻琴伊特扎天文台附近有一口被当地人视为神圣的“圣井”。公元1524—1529年，在尤卡坦地区担任大主教的西班牙人迪戈·戴·朗达，在介绍当地历史时说，每逢大旱，祭司们总要祭祀这口井。为祈求雨神息怒，就要举行隆重的仪式，把童男童女投入这口井中。

1877年，美国考古学家爱德华·赫伯特·汤普森主持挖掘了这口圣井，他们从井底臭气冲天的淤泥里，不仅发掘出许多珠宝和艺术品，还有童男童女的尸骨。

爱德华虽然证实了迪戈的记载，然而这口圣井给人们带来的更多的困惑——这口井是怎样出现的？为什么当地人要把它视为“圣井”呢？还有，同样的井在附近还有数眼，为什么独独这眼井受到特别的青睐？

距那座天文台不到100米的丛林里，还有一眼与“圣井”十分相似的水井。从井壁风化剥蚀的情况看，它和“圣井”极为相似，井水的深度也一样，在幽绿的色泽中闪烁着棕和血红相间的颜色。毫无疑问，两口井的年代是一样古老的，许多学者只提“圣井”，而忽略了这口井。这口井的神秘价值在于当它和“圣井”划出一条直线时，那座被称为卡斯蒂略金字塔的天文台的顶部，恰恰在这条直线的中部，而且非常准确，两口井距天文台的顶部都是900米！

这表示了什么？没有人能够解释。有一点至少是清楚的，这两口井应早于天文台存在，而且天文台选址是以两口井的等距离作为建造依据的。

这座金字塔似的天文台属于天神库库尔坎，即“羽毛蛇”所有。蛇形图案在玛雅古代建筑上到处可见。在热带丛林里原来有许多美丽的花卉，可以成为绘图或雕刻的题材，然而，玛雅却不这样，他们特别偏爱蛇。从远古到现代，蛇一直是蛰居地上的爬行动物，为什么玛雅人会赋予它以飞行的能力？

据研究，天神库库尔坎很可能与后来的另一位天神奎茨尔科特尔，是同一个人物。

玛雅人的传说告诉我们，奎茨尔科特尔是位长着长胡子，身穿白袍，

来自东方一个未知国家的神。他教会玛雅人各种科学知识和技能，还制定了十分严密的法律。据说，在他的指导下，玛雅人种植的玉米长得像人那么粗大，他教人种植的棉花，能长出不同的颜色。奎茨尔科特尔在教会玛雅人这一切之后，便乘上一艘能把他带向太空的船，远走高飞了。而且，这位天神告诉怀念他的玛雅人，说他还会再回来的。

在供奉这位贤人的天文台旁，出现的这些水井究竟意味着什么？它当时出现的真实用途又是什么？这又是一个难解之谜。

玛雅文化的难解之谜，何止是这些水井。像奎茨尔科特尔这样的神灵，是作为大传教士、律师和法官，以及大科学家和农艺师，来到玛雅人中间的。他既然怀着善良的愿望普度众生，那么他肯定也会教给贫困而愚昧的玛雅先民，使用轮子，制造车辆，以摆脱肩挑步行之苦。然而，考古学家从未在历史的土层下发现玛雅人使用过车辆和轮子。这些都是一个又一个悬而待解的谜案。

玛雅文明的神秘消失

玛雅人既然在许久以前就创造了灿烂的人类文明，那么现代的人类文明为何又失去了玛雅人的行踪呢？玛雅人这种“从天而降”的文明现象，为何像一场刚刚拉开序幕就已结束的历史剧呢？玛雅人为何突然背弃文明，又回归原始呢？这确实是个谜。

公元 830 年后，科班城浩大的工程突然宣告停工。公元 835 年，帕伦克的金字塔神庙也停止了施工。公元 889 年，提卡尔正在建设的寺庙群工程中断了。公元 909 年，玛雅人最后一个城堡，也停下了已修建过半的石柱。这情形令我们联系到复活节岛采石场上突然停工的情景。

这时候，散居在四面八方的玛雅人，好像不约而同地接到某种指令，他们抛弃了世代为之奋斗追求、辛勤建筑起来的营垒和神庙，离开了肥沃的耕地，向荒芜的深山迁移。

现在我们所能看到的玛雅人的那些具有高度文明的历史文化遗址，就是在公元 8—9 世纪间玛雅人自己抛弃的故居。如今的游客徜徉在这精美的石雕和雄伟的构架面前，无不赞叹、惋惜，而专家学者们却陷入深深的困惑之中。玛雅人抛弃自己用双手建造起来的繁荣城市，却要转向荒凉的深山老林。这种背弃文明，回归蒙昧的做法，是出于自愿，还是另有其他原因？

史学界对此有着各种解释与猜测。譬如说，外族侵犯、气候骤变、地震破坏、瘟疫流行，都可能造成大规模的集体迁移。然而，这些假设和猜测都是不具备说服力的。首先，在当时的情况下，南美大陆还不存在一个可以与玛雅人对抗的强大民族，因此，外族侵犯之说就站不住脚。气象专家几经努力，仍然拿不出公元 8—9 世纪间南美大陆有过灾难性气候骤变的证据。同样，玛雅人那些雄伟的石构建筑，有些已倒塌，但仍有不少历经千年风雨依然保存完整，因此地震灾难之说可以排除。至于瘟疫流行问题，看来很有可能。然而，在玛雅人盘踞的上万平方千米的版图内，要大规模地流行一场瘟疫，这种可能性是很小的。再说玛雅人的整个迁移，先后共历时百年之久，一场突发性的大瘟疫，绝无耗时如此长久的可能性。

有的人根据祭祀雕像被击毁，统治者宝座被推倒的现象，做出阶级斗争的推测。阶级斗争的确在玛雅社会中存在并出现过，但这种情况是局部的，只在个别地方和城市发生过，而玛雅人的集体北迁却是全局性的。

有人试图从生态角度解开玛雅人大迁移之谜。譬如认为玛雅人采取了某种不恰当的耕种办法，破坏了森林，土地丧失了地力等等，造成生存的困境被迫再迁移。可是不少学者在考察中发现，玛雅人在农业生产上却表现出颇为先进的迹象。他们很早就采取轮耕制，出现了早期的集约化生产，这样既保证了土地肥力不致丧失，又提高了生产效率。

学者们认为玛雅人的农业在当时已相当发达。美国研究美洲大陆的权威麦克尼什认为，公元前 2500 年左右，内地人口大量增加，并从事着谷物、豆类、瓜类的种植。由于大型哺乳动物的灭迹，人们更多地转为以种植庄稼为生。美国国家航空和航天局的一个原定于用作探测金星的雷达系统，发现了玛雅人一千多年前修建的沟渠网，这些古代沟渠是藏在危地马拉和贝利兹热带雨林底下的。它们是用来排水、灌溉开垦出的适于耕作的土地。这项发现足以解释玛雅人在公元前 250 年—公元 900 年之间是怎样在密林深处开垦土地以养活大约 20 万～30 万人的。可见，玛雅文化的泯灭并非食物来源的困乏所造成。因而，试图从这个角度解开谜题的尝试也是行不通的。

还有一些专家的思路更新奇，他们认为要寻找玛雅人搬向深山的原因，可以先反过来看看他们怎样选择自己定居的故土。我们已知的这些玛雅人最古老的城市，都不是建设在河流旁。

埃及和印度的古代文明，首先发祥于尼罗河与恒河流域，中国古代文明的摇篮则在黄河和长江流域。河流

不仅给这些早期的都市带来灌溉和饮水方面的便利，同时又是人员与商品交往最初的通道。从各民族的早期历史来看，他们的文明都离不开河流。

玛雅人却偏偏把他们那些异常繁荣的城市、建筑丢弃于热带丛林之中，这是颇有意味的。

以提扎尔为例子。从这个玛雅人的城市到洪都拉斯海湾的直线距离为175千米，距坎佩坎海湾仅259千米，到太平洋的直线距离也才380千米。玛雅人对海洋是十分了解的，在他们的城堡废墟和文化遗址上，大量的珊瑚、贻贝和贝类动物制品都可以证明这一点。那么，他们最初的城市为什么不修建在河流边，或者海滩旁，而要选择与世隔绝的丛林莽障之中？他们的大迁移，为何不向河流沿岸和海边转移，偏偏要移至更为荒凉的深山之中？这的确令人费解。

提扎尔就是一个位于深山中的城市。为解决这个人口众多的城市饮水与灌溉农作物的需要，他们被迫在城周修建了13个水库。这些水库的总容量达214 500立方米，在古代修建这样的工程，其艰难是可以想象的。但让人难以想象的是，这些聪明绝顶的玛雅人为何必须在这种条件艰苦的地方安邦筑城，而不去寻找一处较为方便且更符合生活逻辑的地方？

有的学者认为玛雅人定居在贫瘠的不毛之地，既得不到食物，也捕获不到野兽；而且大多住在城市里，再加上玛雅人有吸毒的习惯，因而灾荒、瘟疫、战争等便很快地导致了玛雅文化的衰亡。

还有的学者认为，由于印第安人造船业的发展，船舶代替了小舟，经由海路的贸易取代了河上的交易。在森林深处依赖着小舟贸易的玛雅城市，这时失去了它原有的作用，迫使玛雅人离开了森林，另谋出路，导致了玛雅社会的没落，使玛雅文化走上了绝路。

以上诸说，各有其道理。但玛雅文化究竟是怎样泯灭的，至今仍需探讨。

印加帝国消失之谜

印加帝国的文化发祥地在的的喀喀湖畔，虽然在高达4 000米的高原中，但它具有丰富的水量，一片绿茵，阳光充足，是农业立国的最好地方。在这里，印加人胼手胝足，惨淡经营，以最进步的方法建筑了漂亮宏伟的宫殿，并且遵照日出而作，日落而息，男耕女织的方式生活，这是多么安详的一个部落。印加人信奉太阳教，接受太阳神统治帝国的说法。他们还有进步的政治制度，能够推动完善的法律来治理百姓，绝不以严刑峻法苛难。

的的喀喀湖

以农立国的印加人，早在公元前400年就知道集约栽培法，他们栽培玉米的技术是高超而无人能与之比拟的，此外印加人在纺织品的生产技术上更有伟大的突破，各色各样的织法以及各种形态的精致图案，都具巧夺天工的技巧。

由于发掘了金矿，在帝国庄严的宫殿建筑上，四处均镶着金饰品，灿烂耀目，光彩辉煌，但这也同时为其本身带来了不幸的灾难。

在印加帝国到了多拿卡巴克王统治时，出现了印加无与伦比的盛世，多拿卡巴克王死后，把印加帝国分为两部分，传与瓦斯卡尔和阿达凡尔巴两个儿子来统治，于是在1532年兄弟阋墙，互不相让的战争种下了帝国自取灭亡的祸因。

“他们在太平洋上，乘坐浮水的大房子，掷出快如闪电、声如雷霆的火团，渐渐靠近了。”正如预言所说，猫眼、尖鼻、红发、白皙的皮肤、蓄着胡须的天使回来了。印第安人甚至没有抵抗，便献出一座空城逃逸了。

其实，他们错了，这一批被误认为神祇的人，是西班牙征服者比萨罗和他率领的180名士兵。

比萨罗深知必须擒获印加帝王的皇帝方可掳获更多的金银财宝，于是比萨罗和同来的西班牙籍神父商量后，邀请阿达瓦尔巴——印加皇帝前来卡萨玛尔卡镇接受天使的蒙召，阿达瓦尔巴带着2 000名壮士手无寸铁地诚心接受召见，谁知竟然遭受监禁的命运。

比萨罗囚禁了皇帝，便将所有珍宝集中，并冷酷地杀死国王，以除后患。

贪得无厌的比萨罗在杀死国王后，率兵前往印加首都库斯科，企图搜寻更多的宝藏，然而令人讶异的是，在库斯科城中，无论是宫殿、神庙都空无一物，连称为“太阳的尼姑庵”中的百位美女亦不知去向，整个库斯科城成了一座死城。

究竟印加帝国的人们以及财富何以霎时之间消失得无影无踪？至今仍令历史学家们费思难解。

有一种说法是印加人民自知抵抗不过刀剑锐利、心思狠毒的西班牙

人，于是用竹筏载满国王的木乃伊和国内所有的金银财宝，经向上天祈祷过后，把这些昂贵的宝物沉到 250 米深的的的喀喀湖中。

然而仔细思考，印加人拥有 7 万骑精锐部队，难道他们不敢和 180 名西班牙人做殊死战而任由比萨罗横行霸道，却私下做大迁移，逃向不为世人知晓的高山中？这似乎说不通。

然而今日许多考古学家在安第斯山脉中陆续发掘到许多印加帝国的遗迹，证明印加人确实曾经抛弃辛苦经营的帝国，而在蛮荒的山地中再建王国。

在一个叫玛殊比殊的地方，考古学家丙海姆发现了一个洞穴，两边排着雕琢极工整的石块。它可能为一陵墓，陵墓上是一座半圆形建筑物，外墙顺着岩石的天然形势建造，契合的巨石间插不进一张纸，墙是用纹理精细的纯白花岗岩方石砌成。匠心独具，颇有艺术价值。在这山上的墓穴中的骨骸，女性占绝大多数，而其中贵重的器皿也表示她们是重要的人物，是否当年“太阳的尼姑庵”中的美女被送到这里，继续为印加帝国祈祷呢？

由于印加人民没有发明文字，使得遗留下来的问题更具神秘性。又有一些学者根据印加人的记录，大胆推测当时印加帝国虽然拥有高度文明，但却被突袭而来的恐怖瘟疫横扫全国。

然而就算是发生瘟疫，难道当时的西班牙人具有免疫力？即使印加人认命了，纷纷向瘟疫低头，垂首等死，试想1 100万的人口，如何能消灭殆尽？

遗留下来的谜，疑云重重，仿佛替古代印加帝国的神秘灭亡增添了点点色彩。有没有可能在西班牙人一入侵印加帝国时，另一位国王瓦斯卡尔率领着数以百万的印加人深入蛮荒的安第斯山中，以无比坚毅的信念与勇气，在整座山上遍筑藏身的栖息之所，于是一座座宏伟的建筑物在隐秘的丛林中再现。当他们养精蓄锐，打算再度恢复当年的印加势力时，一场大瘟疫侵袭，残存的印加人无力再重振势力，只得继续逗留在丛林中，埋葬死者，消灭遗迹。为了避免再度引起纷争，他们销毁了高度的文明，企图掩饰当年印加帝国的强盛……然后以最简单的方式，聚集部落为生，形成今日印第安人的祖先呢？

众说纷纭，有待历史学家、考古学家们集思广益，为它寻求一个正确的解释。让我们共同努力吧！

云中古城之谜

自从 1531 年秘鲁沦为西班牙的

殖民地，印加文明就此消失，而关于印加的传说，也显得更为神秘。其中最吸引人的大约是“云中古城”了。秘鲁民间传说，在安第斯山区的崇山峻岭中有一座“消失了的神秘古城”。曾经有许多人出发去寻找这个古城，却都无功而返，甚至于白白送了性命，使得这个云中古城越是令人向往。

安第斯山脉是世界上最大最长的山脉，全长约9 000千米，且大部分都在海拔3000米以上。要想在这样的地方找出一个不知道具体地点的古城，真是犹如大海捞针一般。

然而这根“针”还是被人捞上来了。1911 年，美国耶鲁大学教授比格姆，经过千辛万苦，终于在一座高耸入云的山峰之巅找到了这座传说中的古城。史籍上没有关于它的记载，因而也没有人知道它的真名，于是考古学家们把它命名为“马楚皮克楚城”，加之古城所在地高耸入云，仿佛置身云中，所以也被称为“云中古城”。第二年，在耶鲁大学的大力资助下，仍然由比格姆教授带队，一支科学考察队对这座古城的遗址进行了发掘和研究，从此古城的朦胧面纱也一点点被揭开。

古城建在两峰相连的鞍部，地势险要，城垣由花岗石砌成，城内的殿宇、庙堂、堡垒、居民点和作坊数不胜数，做工也极为精致。古城的供水系统设计安排得十分巧妙，此外，雄伟的神殿和巨石砌成的日坛也显示了这里的确是印加文明的产物（印加人信奉太阳神，“印加”一词的印第安语含义就是“太阳的子孙”）。神殿内高大花岗岩的圣坛上，安放着印加王的木乃伊。

关于古城，有些问题一直是学术界争论不休的，例如，这座古城为何要建在这样交通不便的地方？由何人所建？目的是什么？

有人认为这座古城并不是用来长期住人的，而只是古代印加王公贵族登高赏景，或者举行宗教仪式和祭祀太阳神的场所；另外一些人则认为，这里应该是一座城堡，建在这里是因为居高临下，易守难攻，用来抵御外来的敌人。

关于建立的时间，人们也有着不同的看法。有人认为，它的建立者应该是公元前 4000 年左右曾生活在安第斯山脉的艾马拉族人或者摩其卡族。它是安第斯山区发现的最早城堡遗迹；而更多人则认为，它应该是在公元 5—6 世纪，印加文明鼎盛时期，由王朝第八位国王维拉科建造的；还有人认为，这座古城只是在西班牙人入侵印加前 100 年左右建成的。

此外，还有一些发现值得考古学家们思考，那就是在这里发掘出了

173 具古人遗骸，而其中 150 具是女的，于是有人据此认为，这里有可能是古代传说中的亚马逊女儿国，或是一个以妇女为主的部落所在地。当然，这样的说法证据并不充分。

众说纷纭，究竟谁是谁非，相信随着考古工作的进一步展开，总会有水落石出的一天。

的的喀喀湖畔的秘密

在的的喀喀湖东南 21 千米处，有个蒂亚瓦拉科文化遗址，它以大量的精美的巨石建筑闻名于世。蒂亚瓦拉科原来叫做“泰皮卡拉”，在艾马拉语中的意思是“中心之石”，可能是因为其他部族对这个词的误读，久而久之就变成了“蒂亚瓦拉科”。它被人们称为“外星人的湖畔奇迹”。

在蒂亚瓦拉科遗址，保存最完整的是名叫“卡拉萨塞亚”的奇特建筑，它是用石头砌成的长方形台面，长 118 米，宽 112 米，周围由坚固的围墙围起来，里面有阶梯通往地下的内院。巨大的石柱耸在地面上，组成气势雄伟的石林。这里还有许多形状奇异的巨大石像，有些学者认为，石像身上好像刻有许多天文标记或远古星空图案似的，令人迷惑不解。

据一些考古学家考证，“卡拉萨塞亚”可能是古代的印加人祭祀太阳神的祭坛，规模庞大，气派庄严。在“卡拉萨塞亚”庭院的南面，有一座占地达数英亩的“阿卡帕纳”金字塔，呈方形，有巨大的台座和台阶，顶上还有一座古老的庙宇，雄伟壮丽，气势轩昂，表现了古代印加人在建筑、雕刻、绘画、装饰方面杰出的艺术才华。

在“卡拉萨塞亚”庭院的东北角，巍然屹立着一座闻名世界的“太阳门”，它高为 2.5 米，宽达 4.5 米，重约 12 吨，是用一整块巨大的中长石雕制成的，中央凿有一门洞，门楣上有精美的浮雕，其中有一个神秘的人形浅浮雕，双手各执一根权杖，头部放射出很多光线，其间还夹杂有蛇像。在人形的两侧有三排平行的、花纹错综复杂的方形的图案，图形基本上相似：带翅膀的勇士们恭敬地面向中央的神王。据说，每年 9 月 21 日，黎明的第一缕曙光总是准确地从“太阳门”中央射出，风光旖旎。

蒂亚瓦拉科文化遗址上的所有巨大建筑物，都是用重达数吨、甚至重达百吨的巨石砌成的，石块精工琢磨，凹凸咬合，石块与石块之间，不用任何粘着剂就能做到合缝紧密，竟连薄刃也难从对缝中插进去。有些巨石与巨石相衔接处，用铜榫和扣链固定。可见古代印加人的石砌技术极高，建筑精巧严谨。

在遗址附近，发现有一条印加古路的路基，从路基延伸的方向来判断，很可能是从秘鲁的库斯科到厄瓜多尔的基多。

据考古学家考证，古代印加人在道路建设方面的成就特别突出，有两条主要道路贯通全国：一条是高原道路，起自今哥伦比亚，贯穿厄瓜多尔、秘鲁、玻利维亚，再由阿根廷而达智利；另一条是沿海道路，北起南纬一度靠近厄瓜多尔边界的通贝斯，向南贯通秘鲁沿海一带，进入智利中部，路面宽阔，沿途逢山开隧道，遇河架桥梁。除以上两条主要干线外，还有不少支路通向全国各地，途中设置驿站、要塞和烽火台。这些道路为运输、行军、传达命令、首领巡行提供了方便。古代印加的道路，比当时欧洲的公路要好得多。

在遗址中发掘出了陶器、铜制物件、纺织物等。据考古学家考证，古代印加人在采矿、冶金、纺织和手工艺方面都达到了较高水平。他们善于用青铜制造武器和工具，用金、银、锡等制造各种装饰品和祭器。他们在纺织和制陶技术方面，较之前代尤有进步。印加陶器继承了前代的优秀传统而又有较大发展，常见的器形有敞口直筒杯、三鼎锅、双耳小口尖底坛等，表面绘以红、黑、黄、白等色的动物纹或几何纹作为装饰。陶器中以红色粗陶制的三鼎锅较有特征，而制作精美的双耳小口尖底坛是古印加陶器的代表作。陶器的色调绚丽、鲜明而丰富，尤以描绘太阳神、人形和兽形图像，摹拟山形的阶磴式图案为最好。

在湖畔还发现一座巨大的古天文台，垒成像古代足球门似的形态奇异的巨石，它实际上是一种复杂的测时和确定季节的巧妙装置。据考古学家考证，古印加人崇拜天体，天文历法知识的发展与宗教信仰、农业生产有着颇密切的联系，他们很早就筑设天文台，用以观测太阳的位置和确定农业的节序，能确定夏至和冬至。古印加人的历法定一年为 12 个月，每月有 3 个十天的长周，一年加 1 个五天的短周，以冬至为岁首。

的的喀喀湖畔的奇迹，让现代人十分迷惑：的的喀喀湖位于海拔3 812米的荒漠高原上，必须到 5 千米以外的高山上去挖取巨大石材，一般石块重达数吨、数十吨，有的石块重达200 吨。据考证，古印加人不会冶炼铁，他们没有钢铁工具，没有炸药，更不可能有飞机、火车或汽车、拖拉机。当时美洲人还没有创造出任何机械、轮子和绞车。在高寒、低压、缺氧至连呼吸都极为困难的恶劣环境中，在没有轮制运输工具的情况下，

当时的人们用什么方法从高山上挖取这样巨大的石块？怎样经过崎岖的山路把每块重达数吨、数十吨、甚至重达 200 吨的巨石运到湖畔广场工地上并抬上高耸的城堡、宫殿的顶部呢？当时根本没有起重机之类的先进器具，光靠人力、运用极简单的原始工具能建造规模如此宏大雄伟的建筑物群吗？据有人估计，星散在的的喀喀湖畔的所有巨石建筑物的总工程，比修筑金字塔还要艰巨。究竟是何人何时用什么方法创造出湖畔的奇迹呢？

西方有些人认为，以捕鱼和狩猎为主要谋生手段的古印加族人，根本不可能在的的喀喀湖一带的层峦叠嶂之中创造出辉煌的蒂亚瓦拉科文化。20 世纪 60 年代，作家路易斯·波威斯和雅克·伯杰曾认为，在非常遥远的古代，来自金星的“天外来客”——“外星人”，曾在的的喀喀湖畔的高原居住过，创造了湖畔的奇迹。有人认为，湖畔的“太阳门”上的图案描绘了“外星人”的形象，湖畔的巨大石像上精确地记载着27 000年前的星空。

从 1950 年起，由玻利维亚考古学家卡路斯·庞塞·桑西内斯领导的考古调查队，对的的喀喀湖畔的古迹进行了相当大规模的深入发掘和长期认真的考察研究，并把一些已破损了的古建筑物加以复原。经过放射性碳 14 鉴定，确定湖畔古城最早的建筑日期始于公元前 300 年，竣工于公元 600 年。安第斯山区是古代美洲文明的发祥地之一，公元前10 000年—公元前8 500年，这里就已经有了人类居住。考古发掘的材料证明，最早散居在安第斯山区的古代居民是摩其卡族、艾马拉族和克丘亚族（印加人是克丘亚族的一支）。在印加国家形成之前，安第斯山区已出现过一系列发展较高的古代文明。印加人在继承和发扬前代文化的基础上，创造出南美洲光辉灿烂的印加文化。的的喀喀湖畔的奇迹，就是印加文化的结晶。

当然，“外星人”在的的喀喀湖畔创造的奇迹还是一个谜团，有待后人去揭开谜底。

冰冻少女之谜

安帕托，印加的神山，位于秘鲁境内安第斯山区，是一座火山。印加人用珍贵的生命作为祭品，祈求神山赐予生命之水，带来谷物丰收。

1995 年，人们在这里发现了一具迄今为止发现的保存最为完整的印加冰冻木乃伊，也是第一个女性冰冻木乃伊。她是一位印加少女，有乌黑的长发，修长的脖颈，丰满的双臂，身披绚丽的羊驼毛披肩，静静地躺在安帕托峰顶。她年轻的生命属于山之神纳瓦多·安帕托。5个世纪前，这位印加少女成为了一次祭礼中的祭品。她安眠在陶土的墓穴中，没有任何挣扎、勒杀、殴打的痕迹，或许她在被埋入之前就已经死去。墓穴中，陪伴她的还有精致的小雕像、古柯叶和谷物。

1995年9月8日，登山运动员和人类学家约翰·瑞哈得与米盖尔·扎瑞特登上了安帕托山脊。当时，附近的奈瓦多火山正在喷发，山顶涌出的火山灰高达1.6千米，纷纷扬扬地落在安帕托的山脊上。深色的火山灰极易吸收太阳的光热，于是冰层和积雪大量融化，导致山脊坍塌。约翰和米盖尔偶然间在山坡的岩石中发现了一件印加小雕像，它是用金、银和珍稀的海菊蛤贝壳雕成的，裹在外面的五彩服饰看起来像新的一样，上面的红色羽毛也十分完整，显而易见，它才露出地面不久。这具小雕像指引着约翰和米盖尔继续前行，终于在快到达顶峰的时候发现了一个裹得紧紧的布包裹——印加木乃伊！打开包裹，是一张已经风干的印加女孩的脸，她身体的大部分还未解冻。

这名印加少女躺在安帕托山顶的火山灰下面，灼热的阳光不久就会把她晒得融化，然后腐烂。即使不是这样的结局，她也有可能被随后到来的盗墓者劫掠。更重要的是，此时正是一年中季节转换的时期，暴风雪不知什么时候就会淹没山峰。约翰和米盖尔做出了重要决定：带女孩和随葬的古器物下山。这是在海拔6千米的高山，少女的身体重约36千克，路途的艰难远远超出了两人的想象。连续三天马不停蹄的奔波，天公也不作美，时而降雪，时而奈瓦多火山又开始喷发，粉尘像魔鬼雨一样纷纷落下。终于，两人筋疲力尽，来到了秘鲁阿瑞奎帕的天主教大学考古系，将印加少女交给了系主任。

考古学家在安第斯山区仅发现过几具冰冻木乃伊，而且其中没有一具是女性。这个女孩，估计年龄有十几岁，可以猜测得到，她是作为祭祀仪式上的祭品被掩埋在安帕托山顶。由于近年来的山脊崩塌，冰层和岩石顺着山坡下滑，将她从墓穴中捎带出来。无疑，这是个世界性的重大发现，这名印加少女是迄今发现的冰冻木乃伊中保存最完好的。科学家给这具安帕托木乃伊起名胡安妮塔。据推测，胡安妮塔大约死于500年前。

胡安妮塔的身体组织和器官完好无缺，并且是自然风干，她冰冻的身体就像是一个生物学资料仓库：接下来的研究可以揭示她的死亡原因和过程。通过她的DNA可分析出她来自何方，属于哪个部族。而她胃里的残存物，为科学家研究古印加的食物结构提供了资讯。在胡安妮塔身边发现的羽毛编织袋里，科学家发现了五百年前的供品，即古柯叶，与现在的古柯植物没有什么不同，但利用先进的生物化学分析技术，科学家试图确定这些植物最初的发源地。

胡安妮塔的外衣引起了纺织考古专家的兴趣，每一件织物都图案精美、色彩绚丽，她亮丽的红白条纹披肩是世界上最精美的印加织物。胡安妮塔的着装与 14 世纪的西班牙人潘多·雷恩在其书中的描述相吻合：她的衣饰是当时库斯科贵族妇女中最风行、最华丽的，毫无疑问，这将成为今后描述印加贵族妇女衣饰的范例。不过，一些外衣对胡安妮塔而言，似乎太大了。也许是因为印加人相信，女孩在死后仍然会像活着的人一样长大成熟，所以为她准备了稍大的衣物。

胡安妮塔的保存也成了一个大问题。冰冻木乃伊的保存并没有规范的先例标准，当然也不能简单地将它放进冷藏室。从理论上来说，冰冻木乃伊的身体和其外部的织物，应该贮藏在比较潮湿的环境，而头部贮存湿度相应较小。将衣物与身体分离保存也非常必要，科学家们着手褪下女孩的衣物。这是精细而紧张的工作，剥离织物要小心翼翼，既不能扯坏衣物，也不能损伤女孩的皮肤。而为防止木乃伊融化，科学家必须控制其离开冷藏室的时间。分离织物的过程中，科学家又有新的发现。女孩的辫子被一根黑色的细驼毛线系在腰带上，由此可以推断她死前或死后，有人为她精心装扮。她是印加人献给神山的珍贵礼物，是联系族人与山神的使者，会给族人带来福音，因此人们对她充满了敬重，为她穿上了盛装。她华美的衣服，都用精致的别针别住，上面用细线吊着各种小木刻——盒子，酒器，还有类似狗和狐狸的小玩具。印加人为胡安妮塔以后的日子设想得颇为周全。

最令科学家震撼的是女孩的右手，它紧紧地攥住自己的衣角，这是紧张、痛苦，还是决心呢？胡安妮塔的命运也许并不是她自己所愿意的，更不是她自己所能掌握的。她当时的心情，我们不得而知。

胡安妮塔身上还有许多未解之谜，进一步的研究，还需要更多科学家的参与，不仅是考古学家和人类学家，病理学、微生物学、寄生虫学、生化学、妇科医学、冶金、植物学、陶瓷考古、纺织考古等领域的专家都要投入进来，或许才有可能解开冰冻木乃伊胡安妮塔之谜，她头上的羽毛头饰甚至还需要鸟类学专家来帮助鉴别。但愿胡安妮塔的谜团能尽早解开，为我们进一步了解印加帝国的神秘真相打开一扇窗。

复活节岛神像之谜

智利的复活节岛，是世界上最孤独的地方之一，它坐落在茫茫无际的南太平洋水域，离南美海岸大约有3700千米之遥。它的陆地面积仅有117平方千米，人口约2400人。由于它位于南纬27°10′，西经109°30′的地球中心地带，因而素有“地球的肚脐”之称。在它的周围，几乎没有什么岛屿，全是一片无边无际的汪洋大海，因此，这个小岛也就成了航海者理想的间歇地。当人们发现这个海岛时，在他上面已经存在着两种“居民”，一种是显然处于原始状态的具有血肉之躯的波西尼亚人；另一种则是代表高度文明的巨石雕像。

复活节岛被发现的历史并不长，追溯到1722年，是荷兰人首先登上此岛并为此岛命名的，恰逢那天是4月5号复活节，于是这座远离世界文明的孤岛有了一个响亮的名字——复活节岛。

此后，西班牙人等欧洲探险家们在几十年内先后多次登上此岛，引起人们极大探险兴趣的不仅是这个荒岛上有土人居住，更重要的是岛上的上百尊巨石像。

使世人赞叹不已的石像已经成为这个天涯孤岛的象征。200多年来，种种疑问深深吸引了世界各国的人类学家、民俗学家、地质学家和考古学家，他们纷纷踏上这个小岛，试图去揭开这神秘的面纱。

这些石雕人像一个个脸型窄长、神情呆滞，造型一致，表明它们的制造者是依照统一的蓝本加工的；为别处所未见，从而说明它是未受外来文化影响的本岛作品。可是，有些学者指出他们的造型与远在墨西哥帝纳克瓦的玛雅——印第安人文化遗址上的石雕人像，存在许多相似之处。莫非是古代墨西哥文化影响过它？墨西哥远离复活节岛数千千米，这几乎是不可能的。

不可能的奇迹还表现在其他方面：这批石雕人像小的重约2.5吨，重的超过50吨。还有，岛上这些石雕人像还有不少戴石帽的，一顶石帽，小的也有2吨，大的重约十几吨。这又给我们带来一个问题，要把这些石帽带到巨石人像的头上，又需要有最起码的起重设备。岛上树木不生，连滚木滑动这种最原始的搬运设备都不具备，吊装装置就更成了虚无之物了。

他们究竟是如何被制作者从采石场上凿取出来的，如何加工制作，又采用什么办法，将他们运往远处安放的地方，使之牢牢地耸立起来。前几个世纪岛上居民还未掌握铁器，这一切多么令人不可思议！

许多学者研究了分布在小岛各处的那600多尊石像，以及几处采石场的规模等情况后，认为这些工作量需要5000个身强力壮的劳动力才能完成。他们做过一项实验，雕刻一尊不大不小的石人像，需要十几个工人忙一年。利用滚动滑动装置似乎是岛民解决运输问题的唯一途径，同时这种原始的搬运方法的确可以将这些庞然大物搬运到小岛任何角落。但是，这无疑又要占用很多的劳力。

再说5000个强壮的劳动力吃什么？靠什么生活在那个遥远的时代？小岛上的土著过着风餐露宿的生活，根本没有能力提供养活2000个强劳力的粮食。小岛上的植被、耕地提供的食物，以及沙滩上偶尔漂浮而来的鱼虾，更难以满足如此众多人口的最基本的生活需求。小岛现在也仅拥有2400多人，许多生活用品还要靠外来补给。

也许是宗教的力量，促使复活节岛上的居民创造出这种人间奇迹。但岛上的原始居民并未信仰任何宗教，他们直至19世纪后期法国传教士来到后，才渐渐接受并信仰罗马天主教。这些面对大海的雕像，又究竟代表着什么宗教，连世居小岛的居民都说不清楚。

于是，这里又出现一个相当严重的问题——谁是岛上的巨石人像的制作者？土人吗？显然这是不太可能的。

另外一个谜团是为什么有些石像突然就停工了呢？人们逐一统计了岛上的巨石人像，共有六百多尊。他们还调查了这些巨石人像的分布，他们还在拉诺拉库山脉发现了几处采石厂。采石厂里那坚硬的岩石，像切蛋糕似的被人随意切割，几十万立方米的岩石被采凿出来。到处是乱石碎砾，加工好的巨石人像被运往远方安放，采石场上仍躺着数以百计未被开采的石料，以及加工了一半的石像。有一尊石像最奇妙，他的脸部已雕琢完成，后脑部还和山体相连，其实再有几刀，这件成品就可与山体分离，然而他的制作者却不这样做，好像他突然发现了什么，匆匆离去。采石场上碎石零乱，上面有深深的凿痕，以及纷飞四处的石屑。

火山爆发吗？地质学家告诉我们，复活节岛是座火山岛，但是座死火山，在人类来到岛上居住以前，情况一直是稳定的。或许是狂风海啸等灾难造成工地停工。但是，岛上居民理应对海岛常见的这种自然现象司空见惯，大可不必惊慌失措。再说灾难过后随时可以复工，但他们却没有这样做。这是为什么呢？为什么雕刻这些巨人石像，已经是个谜了，而采石场为什么突然停工，又是谜中之谜。

复活节岛以多“谜”出名，一向是各国学者和旅行家的神往之地，尽管这里路远地偏，每年慕名而来观光、考察的人依然络绎不绝。但愿有一天，这许多的谜能被解开。

通天塔隐藏的秘密

墨西哥城郊外的卓鲁拉是个死气沉沉的小镇，人口虽然只有1.1万，市中心却有一个宽阔的广场。沿广场往东走，穿过狭窄的街道，越过一条铁路，便到达被印第安人称为“特拉契哇泰泊特尔”的“人造山”阴影下。

这座巨型建筑物号称古代世界规模最庞大的工程计划之一。它一度是奉祀和平之神奎札科特尔的圣殿，如今却被天主教占据，在其上兴建了一栋装饰华丽的教堂。这座古建筑的地基占地1821100平方米，高64米，在规模上超过埃及的大金字塔3倍。在岁月的侵蚀下，尽管轮廓已经变得模糊，周边也长满野草，但依稀可以看出，它原本是一座宏伟、庄严的古巴比伦式宝塔，拥有四道整齐峭直的“阶梯”，直达云霄。宝塔的底部，每一边几乎长达半千米。虽然饱受践踏凌辱，但这座古建筑仍旧保持着它的尊贵和美。这就是墨西哥的通天塔。

蒙尘的古迹并不会永远保持缄默。有时候它会向世人倾诉。当“征服者”特兹率领西班牙军队横扫墨西哥，“铲除一个文化，如同一个路人随手折下路边一朵向日葵”时。这座宝塔目睹了墨西哥人民遭受的身心创伤和耻辱。当时的卓鲁拉城是一个伟大的宗教圣地，拥有10万人口。为了彻底消灭墨西哥的古老传统和生活方式，征服者挖空心思，想尽办法糟蹋奎札科特尔的圣殿。这帮人最后想出一个伎俩：把矗立在宝塔顶端的圣殿整个砸掉，在原址上建造一间教堂。

就在毁灭行动如火如荼展开之后，有些西班牙人已经开始领悟：“一个真正伟大的文明，曾经存在于阿兹特克人之前的墨西哥。”说来诡异，最早醒悟的就是那位烧书烧得最起劲的狄亚哥·迪兰达。显然，在曼尼城演出一场公开烧书的表演之后，他的心灵经历过一番“大彻大悟”。垂暮之年，他痛下决心，全力搜集犹加敦半岛上土著的神话和口传历史，以挽救他曾不遗余力摧毁的古代文化和智慧。

圣芳济修会的修道士伯纳秋诺·迪萨哈冈是一位编史家。他记载的中美洲历史和传说使我们获益良多。据

说，这位杰出的语言学家“四处寻访印第安耆老，央求他们使用阿兹特克象形文字，就记忆所及，写下阿兹特克族的历史、宗教和传说”。他将历年搜罗的古代墨西哥人种、神话、社会和历史资料汇编成一部 12 卷的巨著。问世后，这部著作却遭西班牙当局查禁。所幸有一份抄本流传下来，虽然并不完整。

另一位圣芳济修士狄亚哥·迪杜兰一生孜孜不倦，致力于搜集本土神话和传说，试图挽回已经沦丧的古代文化和知识。1585 年，他造访卓鲁拉城。其时，墨西哥社会正经历一场史无前例的剧变。在卓鲁拉城，狄亚哥修士访问一位据说年纪超过 100 岁的老者，听他诉说当初兴建宝塔的故事：

起初，太阳的光还没被创造出来，卓鲁拉这个地方一片黑暗混沌。大地平坦辽阔，没有山丘，整个平原被水环绕，没有树，也没有生灵。太阳和光从东方升起之后，世界上立刻出现一群畸形的巨人，占据所有土地。他们爱上美丽的太阳和光，决定建造了一座塔。这座塔非常高，塔顶碰触到天堂。他们搜集建筑材料，接着又找到一种黏性很强的泥巴和沥青，立刻开始动手建筑高塔……这座塔终于建到最大的高度，塔顶碰触到天堂，天堂之主非常生气，就对天上的居民说：“你们有没有看到，地上的凡人被太阳的光和美色迷住，建造了一座狂傲的高塔，直通到我们这儿来。你们去教训他们，不要让这些凡夫俗子混进天堂，跟我们生活在一起。于是，天上的居民纷纷出击，有如闪电一般，他们摧毁了高塔，把造塔的人驱散到世界各地。

中美洲的这个传说，跟基督教《圣经》讲述的巴别塔故事有七八分雷同，而《圣经》的故事是从更古老的美索不达米亚传说演变而来的。

中美洲的高塔传说和中东地区的巴别塔故事之间关系显然非常密切。两者的共同点显而易见，但是，我们也不能忽视其间的重大差异。当然，东西方两个故事之所以有这些共同点，也许是因为早在哥伦布发现美洲之前，这两个地区的文化已经有过接触。但未被历史所记载。有一个理论倒是可以同时解释两个故事之间的共同点和差异：高塔传说的两个版本，源自一个共同的、极为古老的祖先。尔后数千年间各自演变发展，形成现在的样子。到底有没有这种可能呢？

《圣经·创世纪》讲述的“通天之塔”故事是这样的：那时，天下人的口音言语都是一样。他们往东边迁移的时候，在迦南地遇见一片平原，就住在了那里。他们彼此商量说：“来吧，我们要做砖，把砖烧透了。”

他们就拿砖当石头，又拿石漆当灰泥。他们说："来吧，我们要建造一座城和一座塔，塔顶通天，为要传扬我们的名，免得我们分散在各地上。"耶和华降临，要看看世人所建造的城和塔。耶和华说："看哪，他们成为一样的人民，都是一样的言语，如今既做起这事来，以后他们所要做的事，就没有不成功的了。我们下去，在那里变乱他们的口音，使他们的言语彼此不通。"于是，耶和华使他们从那里分散到各地上。他们就停工，不再造那城了。因为耶和华在那里变乱天下人的言语，使众人分散在各地上，所以那座城名叫巴别。

这段经文最让人感兴趣的一节是：巴别塔的建造者原称，他们所以要建造一座永恒的建筑物，为的是让他们的名字永垂不朽——即使他们的文明和语言被遗忘。

巴别塔和通天塔的故事如此相似，是不是彼此影响，或者从一处流传到另一处的呢？难道在哥伦布发现美洲之前，欧亚大陆和美洲就有联系？

在哥伦布到达美洲之前，美洲一直是印第安人的家园。但是，令人百思不得其解的是，在墨西哥和南美一些地方发现的古代艺术品中，竟出现了陶制或石制的其他种族人物的头像。

在墨西哥的特南哥地方，曾发现过一个奥尔梅克文化时代雕刻的翡翠人头像。虽然该头像的鼻部已经破损，但人们从其扁平的脸形、并不凹陷的眼窝、眉毛前额和颧骨的特征，仍然一眼就能看出，这是个中国人的头像。在危地马拉发现的另一个石雕人像，也明显地具有中国人的特征。而在墨西哥的委拉卢克斯发现的一个石雕人头像，一看就是个非洲黑人。那厚厚的嘴唇，圆圆的前额，明显地表现出尼格罗人种的特征，而与美洲印第安人的相貌完全不同。在危地马拉还发现过一个石雕人头像，鼻梁又高又直，下巴上蓄着长长的胡子，看上去像个闪族人，有人认为这是古代腓尼基人的雕像。

按常理说，艺术是生活的反映，古代美洲的印第安人很难雕出自己完全不熟悉的种族的人像，那么这些没有在美洲生活过的人的雕像是怎么来的呢？在蒂瓦纳科著名的太阳门旁边也伫立着48个巨石人像。人们曾经以为它们是祭神的仪仗队或侍卫，如同通常的神庙前的石像一样。然而引人注目的是：这48个石像容貌各不相同，有的嘴唇厚、有的鼻梁高、有的鼻梁矮、有的耳朵大，这吸引了考古学家和人类学家的注意。经过仔细考察，他们发现，这些石像实际上表现了地球上人类各个种族和主要民族的形象。

真没想到在那种年代，就有人精通世界各个民族的形象问题。我们越

接近古代文明，就越感觉到无法理解。

狭谷中的“悬崖宫”

美国西南部一个不毛之地的峡谷是阿拉撒热人不可思议的史前文化的摇篮。对他们所取得的惊人成就及其衰落，今天的人们只找到了一些线索。

早在 1888 年，一天风雪交加，两个牧童为寻找迷路的牛群，来到科罗拉多州梅萨的一个荒凉的峡谷。透过飘扬的雪花，他们看到一些建筑物的轮廓。他们感到奇怪，峡谷中怎么会有建筑物呢？于是他们俩顺着一条较宽的悬崖壁凹溜到了底部，然后进入了一座辉煌的小城堡。城堡是用石头修筑的多层住宅。他们发现了一些陶器、简陋的工具和灰烬，这些东西，看来都没人动过。

就是这个地方，现在以“悬崖宫”名扬四方。它是著名的史前美洲印第安人的一支阿拉撒热人的居住地之一。

阿拉撒热人最有名的废墟，有的位于梅萨和科罗拉多州西南部及其毗邻的犹他州的霍芬—韦普地区；有的位于亚利桑那州和犹他州交界的卡延达地区；有的位于亚利桑那州东北部几百米处的风景如画的峡谷。

也许，阿拉撒热人最重要的地区在查科峡谷。该峡谷长 15 千米，宽 1 千米，在新墨西哥州西北部。大约 1050 年，那些印第安人在查科经历过一段空前绝后的创造力突发期。因此，以后考古学家们把类似的创造力突发称为“查科现象”。以后几十年他们建造起一座综合性城堡，由 12 个完整的小镇组成。当时，这个中心地带宗教兴盛，政治安定，经济繁荣。查科峡谷及其周围偏僻的地区，估计曾有人口5 000多。就石器时代而又处于荒凉地带的氏族社会而言，这是相当大的一个部落了。

为什么查科人愿意居住在贫瘠荒凉又干旱的峡谷中呢？这是一个谜。当时，他们也许掌握了灌溉技术，能够养活比现在居住在此地还多的人口。虽然阿拉撒热人不知读、写和计算，但是他们却熟练地掌握了一些简单的天文技术。他们在悬崖顶上修筑起“天文观测台”。最有名的是查科峡谷法加达·巴特顶上的“天文观测台”。“阳光针”（考古学家们把它们称为“太阳匕首”）插在垂直的平石板中间，用以测冬至、夏至和春分、秋分。他们还在峭壁上雕画了一些现在难解的图案。

查科四通八达，这也说明查科是当时的交换中心。使人迷惑不解的是，这些人行道被踩得那么坚硬，路面宽 30 米，迄今为止发现了数以百计的道路。道路笔直，穿过崎岖的山地，跨过条条溪谷，沿着岩石上的宽石梯，爬上悬崖。现在每隔 8 千米或 10 千米都出现一座普韦布洛的小废墟。也许，这些废墟是当时的客栈。在这些小道附近相应的一段距离人们找到了一些圆石头。显然，这些圆石头是到达客栈的记号。

大约 1150 年，查科达到鼎盛时期，随后查科文化神秘地开始衰落。他们放弃了美丽的城堡，离家出走了。对他们的衰落，众说纷纭，莫衷一是：有的说是由于人口过剩；有的说是由于旱灾频繁，有的说是由于气候严寒缩短了作物的生长期；有的说是由于耕耘这块土地过度，等等。不过，也许还有一个更可怕的原因，12 世纪中叶，普韦布洛人和其他居民把大房子的门窗都堵起来，用石头堵住了普韦洛的主要入口，只留下一条通道，沿着梯子上下。他们这样做是为了抵御来犯者。可是，迄今为止在这些废墟上尚未发现支离破碎的尸骸或厮杀后留下的痕迹。

真相到底如何呢？一切都还有待于历史学家来揭晓！

不可思议的石球

1930 年夏天，一群伐木工人在位于美洲南部的哥斯达黎加共和国台克斯河地区一片原始森林旁的沼泽地，偶然发现许多奇特的石球，这些石球大小不一，大的直径达 2.4 米，重达 16 吨，小的只有几千克重。这些石球总共有数百个，每个球面都异常光滑，清亮见影，上面雕刻着一些绮丽多姿的图案，直线、斜线、三角形、圆形、正方形等相互交织成几何图形。这些石球不拘大小，球面曲率处处一样，如果不精密测量，就无法知道其误差。尤其有趣而令人惊奇的是，如果在明月高照的夜晚到此石球群中一游，你会感觉到自己好像置身于一个美妙的神话世界：柔和的月光，投射在石球上，闪闪发光，每个石球好像天空中的一颗星星，数百个石球宛如另一星系的大小星宿，景色如画，蔚为奇观。

这一发现，轰动了全世界的考古学界，很多国家纷纷派出考古队深入这一带密林深处进行考察。美国哈佛大学博物馆著名考古学家穆维勒·罗斯卢卜教授率领的考察队，在马尔苏尔地区又发现许多巨型石球，后来另一些考古工作者在台克斯河地区的古代墓穴中，也发现许多大小不同的石球。

70 多年来，很多考古学家借助各种现代科学手段，对这些石球反复进行测察、化验和分析、考证，大家一

致肯定：这些石球都不是天然形成的，全是人工凿成的。但究竟是何人在何时凿成的？人们对此看法不一。在哥斯达黎加的古代历史上，从未有关于石球的任何记述，西班牙殖民主义者于公元16世纪侵入斯达黎加时，也从未听说过石球的奇闻。这一片默默无闻的原始丛林，大约已有1000多年荒无人迹了。据一些科学家推测，这些石球是在距今1200年至1700年前制成的，但一些学者认为此一时间不一定准确，可能还会更早，约在2000多年前。要凿成这样精美的石球，必须用十分锋利的铁矛或钢刀，精工雕刻，技巧高超，才能雕琢出如此结构严谨、布局和谐的绚丽图案。可是，据史籍记载，当时还处于原始社会，技艺水平还极端低下，只有石器工具，哪里来的铁矛或钢刀呢？

这些石球是用花岗岩石雕凿成的，可是，当地并没有花岗岩石。据穆维勒·罗斯卢卜教授考证：“石料可能是从很远的地方运来，或来自距此地几英里的一座小山，也有可能是从距此地48千米的迪卡维斯河上游船运到此地。”

可是，这些石球中有的直径达2.4米，重达16吨，当时根本没有火车、汽车、拖拉机、起重机之类的交通运输工具，只靠人力或畜力怎能搬运呢？如果真的是穆维勒·罗斯卢卜教授所推测的那样“从河里用船运来的”，如此重的石球光靠人力怎能推上船呢？再者，一两千年前的原始人能制造成大船吗？

当地古人为什么要雕制这些石球？这些石球有何用处？许多学者提出了种种猜测，各持一说。哥斯达黎加国家博物馆馆长卢维斯·迪亚古·古米兹博士认为，当地远古居民很早就产生了较复杂的宗教观念，由于他们当时对太阳、月亮、星星等自然现象不理解，因而把它们当做威力无穷的神灵而加以崇拜，这些石球就是他们雕刻的太阳神、月亮神和其他星神的雕像。

但其他一些学者认为，当地远古居民以为灵魂可以与人的肉体分离而独立地游荡，人死了被埋葬后，灵魂并没有消失，他们在所谓灵魂不灭观念的支配下，雕刻石球作坟墓的标志或象征，以为人死后灵魂寓于石球之内。另一些学者却认为，石球是当地远古居民为了显示圆形的美观而制作的。

以上各种说法，都缺乏确实有力的证据，只是各人的主观臆猜，直至今天，谁也无法弄清石球的真相，不能作出准确的解释。世界上著名的考古学家穆维勒·罗斯卢卜教授感慨地说道：“一生中，我第一次见到了一个不可思议的现象。”

来自海洋的文明传说

LAI ZI HAI YANG DE WEN MING CHUAN SHUO

消失的亚特兰提斯

亚特兰提斯岛位于“海洛克斯之柱”（直布罗陀海峡）的外侧，亦即“真正的海”之意的大西洋中心左右，而其面积则比北非和小亚细亚合起来还更宽广。至于其强大的权力则并不仅限于周边的大西洋诸岛，而是远达欧洲、非洲及美洲（真正的大陆）。

亚特兰提斯岛的海岸险峻，但中央部位却有宽阔肥沃的平原，且在距外海 9 千米处还有首都波塞多尼亚。这座城市十分富裕繁华，其市中心有王宫和奉祀守护神波塞顿的壮丽神殿。另外，在波塞多尼亚的四周还建有双层的环状陆地和三层的环状运河。最外侧的运河宽 500 米，可通行大型船只，这些运河都以宽 100 米的水路和外海衔接。

神殿是以黄金、银、象牙或如火焰般闪闪发光，名为“欧立哈坎”的金属装饰，充分地表露出这座岛屿的富庶。岛屿上的所有建筑物都以当地开凿的白、黑、红色的石头建造，既美丽又壮观，十分吸引来往人潮的目光。

在两处环状的陆地上有冷泉和温泉，居民可终年享受水浴和温浴。除此之外，还有造船厂、赛马场、兵舍、体育馆和公园等等。

在环状都市的外侧上有宽广的平原，历代的帝王都曾辛勤地加以开垦。平原的四周为深 30 米、宽 180 米、全长达1800千米的沟渠所环绕，内侧的运河则以每 18 千米纵横交错的方式围绕着，就好像是棋盘的格子

一样地整齐方正。人们就用此水种植谷物和蔬菜，并用运河将产品运到消费地区。

在水路和海相接之处有3座港口，港口的附近一带密集地住着许多居民，从世界各地前来的船只和商人络绎不绝地往返于此巨大港口间，所以港口一带昼夜喧哗不已。

平原被分割成90000个地区，每个地区设有一位指挥官。这位指挥官担负着调度作为军备用的一辆战车费用的1/6、马2匹、骑兵2名、轻战车1台、步兵和驾驶者各1名的义务。除此之外，还能调度12名战斗员和4名水兵。若将这些兵力加以总合，那么亚特兰提斯就能随时拥有动员120万兵力的强大战斗力了。

在距今12000年前，地球上爆发了恐怖的地震和洪水，亚特兰提斯在一昼夜间陷没于海中，在地上消失了。

这就是希腊的哲学家柏拉图在《迪迈斯》和《格利迪亚斯》中所描绘的亚特兰提斯的全貌。此故事是柏拉图将希腊贤人之一的梭罗从埃及祭司所听到之事写成故事介绍给世人的。

柏拉图做此记述以后，理想之都亚特兰提斯就成了众人所向往之地。尤其是当哥伦布抵达西印度群岛发现美洲大陆后，就更加深了柏拉图所记述之事的可信度。因为在“真正的海”的对面，果真是有“真正的大陆”。如此一来，亚特兰提斯必定是存在于某处的，这令人们深信不疑。

被称为“亚特兰提斯学之父”的美国人德奈利，在19世纪提出了“亚特兰提斯学”的13条纲领，对后世的研究产生了重大的影响：

1. 远古时代大西洋中有大型岛屿。那是大西洋大陆的一部分，称为亚特兰提斯。

2. 柏拉图所记述之亚特兰提斯的故事是真实的。

3. 亚特兰提斯是人类脱离原始生活，形成文明的最初之地。

4. 随着时代的演变，人口渐增，人民移居世界各地。

5. 宗教及传说中的“伊甸园”就是指亚特兰提斯。

6. 古代希腊及北欧的神是亚特兰提斯的国王、女王及英雄被神化而产生的。

7. 埃及和秘鲁的神话中，有亚特兰提斯崇拜太阳神的遗迹。

8. 亚特兰提斯人最古老的殖民地恐怕是埃及。

9. 欧洲的青铜器技术是传自于亚特兰提斯。

10. 字母的原形是传自于亚特兰提斯。

11. 亚特兰提斯是塞姆族、印度、

欧洲诸族的祖先。

12. 亚特兰提斯因大变动而沉没于海中。

13. 少数居民乘船逃离，留下了洪水的传说。

19 世纪以后，却又出现了同是以柏拉图的记述为根据，却有别于亚特兰提斯研究团体的新亚特兰提斯团体。他们就是想借透视或灵魂谈话而找出亚特兰提斯的一群神学家们。

其中有位英国神学家史考特·艾利欧德曾说，亚特兰提斯在 100 万年前就已到达文明的巅峰期，人们不仅有超能力，且能用化学的方法生产金银，并依生物工程学制造出各种不同的谷类和家畜。更令人惊异的是他们已会使用飞机，甚至后来还开发出了空中军舰。

这的确称得上是超文明。美国的大预言家艾德加·凯西也由透视描绘出了会令人想起现代尖端技术的亚特兰提斯像。

据他所言，亚特兰提斯已会使用各种合金建造飞机、船舶、潜水艇等等，除此之外，收音机、电视机、电话、电梯等等也已十分普及。其中最引人注目的应是亚特兰提斯的能源系统吧！虽然能源是太阳，但他们却拥有用巨大圆筒形玻璃所制成的“火石”来收集阳光，并具有将其转换成能源的机能。他们更进而用此装置，将肉眼所看不到的光（激光）供给各种不同的交通工具使用，亦即施行遥控操作。

于 1945 年逝世的凯西，早已正确地预言出亚特兰提斯人利用激光来转送能源，但是直到最近，科学家们才好不容易预测出这项技术系统，这真是件足以令人惊讶之事，如果亚特兰提斯真的具备此能源系统的话，那么，亚特兰提斯就是一个拥有远超过现在地球技术的高度文明的国家了。

人类具有 100 万年的历史，这 100 万年间有了种种发明创造，促使文明进化。但是人类真的能在 100 万年前就创造了如此发达的文明吗？如果真是这样，那么亚特兰提斯真的存在吗？如果亚特兰提斯存在，而他们又有如此发达的文明，他们又怎么会灭亡呢？如果他们没有灭亡，而是迁往了世界各地，那么如此发达的文明又怎么会突然消失呢？他们为什么没有把文明传承下去呢？如此看来，亚特兰提斯的谜太多了，或许人类永远也无法弄清其中的奥秘！

太平洋中的古大陆

20 世纪以来，科学家们在探索大自然奥秘的过程中得出一个惊人的推

论：大约在距今12000年前，太平洋中曾经存在过一个高度文明的古大陆，这个古大陆的名字就叫姆大陆。

据说姆大陆的面积占据了南太平洋的大半部，南起塔希提岛，北接夏威夷群岛，东至复活节岛，西止马里亚纳群岛，东西长约8000千米，南北宽约5000千米，面积相当于南北美洲面积的总和。现在的波利尼西亚群岛、密克罗尼西亚群岛、美拉尼西亚群岛上的居民，据说就是姆大陆遗民的后裔。

最早提出太平洋中曾有过古大陆的是英国人种学家麦克米兰·布朗。20世纪初叶，他在《太平洋之谜》一书中，首次提出远古时期太平洋曾经有过一个高度文明发达的大陆。此后，有关这方面的著作屡见不鲜，以英国学者詹姆斯·乔治瓦特的研究成果最具影响力。他通过大胆的假设、广泛的调查，独到的推理乃至充满自信的笔，勾勒出远古时期太平洋中姆大陆的概貌。

1931年，他的名著《消逝的大陆》在纽约出版，成为轰动一时的畅销书。此后，他陆续推出了《姆大陆的子孙》、《姆大陆神圣的刻画符号》、《姆大陆的宇宙力》等一系列专著，奠定了太平洋中古大陆学说的基石。关于消逝的姆大陆，乔治瓦特是这样描述的：在远古时期，太平洋中曾经存在过一个古大陆，它是人类文明的摇篮，鼎盛时期的人口约64万，生活在这个大陆的居民有黄、白、黑各种肤色的人种，他们无贵贱之分，和睦相处。古大陆的国君名叫拉·姆，他既是古大陆的最高统治者，又是最神圣的宗教领袖。姆大陆居民信奉单一的宗教。

古大陆的居民拥有高度的文化，在建筑和航海方面尤其出类拔萃，他们在世界各地都拥有殖民地。

古大陆上共有七大城市，其中希拉尼普拉是首都，交通发达，尤其是水运，人口众多，并且经济繁荣。

古大陆没有险峻的高山，只有看不到边的绿色平原和低缓的丘陵，土壤肥沃，连年丰收，终年植物繁茂，四季花果飘香。莲花是古大陆的国花，在水滨尽情地绽放，树林里各种鸟尽情地歌唱。原始森林中野象成群漫游，双耳不时扇动，拍打着骚扰的飞虫，到处是一派宁静祥和的气氛。

可是，有一天古大陆发生了可怕的轰鸣，刹那间，天崩地裂，山呼海啸，火山喷发，岩浆流溢，古大陆的居民与辽阔的国土，在一夜之间沉入汪洋大海之中，仅有几处高地露出洋面，侥幸生存下来的居民被隔离在一座座小岛上，一个十分发达的古大陆突然从地球上消失了，再也没有人记得曾经有过这样一个古大陆，更没有人知道这里曾是人类文明的发源地……

乔治瓦特的研究成果还表明，姆大陆的居民和古代印第安人一样，崇拜太阳神，不仅懂得使用火，而且还创造了人类最早的文字——一种原始的刻画符号。他们用长方形表示国土，盛开的莲花表示姆大陆……这种刻画符号在世界上许多古老的石建筑上都可以见到，其中有些刻画符号实际上就是纪念姆大陆消逝的碑铭，只不过无人能够读懂而已。此外姆大陆的居民还会烧陶、编织、绘画、雕刻、造船以及航海、渔业也很发达。

至于姆大陆消逝后遗留下来的城市遗迹，乔治瓦特认为，在太平洋诸岛上比比皆是。当时属于姆大陆一部分的复活节岛幸免于这场灾难，没有沉入海底，现在岛上的众多巨人石像和刻有文字的石板很可能就是姆大陆的遗物。波纳佩岛附近的南马特尔小岛上的建筑遗址，以王陵所在的“神庙岛”为中心，共有90余座人工岛，每座岛上均有高约10米的玄武岩石城墙，岛上还设有防波堤、牢狱等，据说也是姆大陆的遗迹。塔西提岛上有一种类似中美洲金字塔的建筑物，也是姆大陆的遗物……这样的例子还有许多。这些互不相关的遗迹、遗址和遗物，果真是消逝的姆大陆居民创造的吗？从最新考古研究成果来看，太平洋诸岛上的居民居住历史至多不超过3000年。如何解释12000年前消逝的姆大陆与太平洋诸岛之间的时间差异呢？

值得一提的是，乔治瓦特依据的最重要文献材料之一《拉萨记录》，是在中国西藏拉萨某寺院中发现的，它是记载4000年前占星术的文献。他依据的其他几件原始文献——玛雅古文献《特洛阿诺抄本》、《德累斯顿抄本》、《波斯抄本》、《科特西亚抄本》等，也是记载占星术的文献。这些文献中都记载了姆大陆消亡的情况。

《拉萨记录》中提到姆大陆的沉没，是发生在编写该书之前8062年的事件，《拉萨记录》是距今4000年前的作品，据此可以推知，姆大陆的沉没是在距今12000年前，恰与亚特兰蒂斯大陆（大西洲）沉没的时间相当。乔治瓦特认为这两个古大陆是由于共同的原因沉入汪洋大海之中的。

乔治瓦特还根据多年的研究成果，描绘了姆大陆居民的移民路线。他认为，人类文明发源于姆大陆，继而传播到美洲大陆，然后又从美洲大陆传播到大西洋的大西洲，最后才从那里传播到埃及、欧洲和非洲，因此，姆大陆是人类文明的摇篮。

近年来，日本学者也兴致勃勃地加入到研究姆大陆的行列。

根据现代地质学常识，大洋的地

壳是由较重的玄武岩构成，大陆的地壳由较轻的花岗岩构成，海底地壳与陆地地壳存在着本质的差异。

1968年，日本东海大学海洋研究所的“白凤丸”号科学考察船，在西北太平洋深海海底打捞出一块花岗岩石头，当时它被认为可能是阿留申群岛的洋流携带而来的。无独有偶，1973年10月23日，日本东海大学海洋考察船“望星丸”号，在九州岛附近的海域打捞出一个含有花岗岩的大锰块，显然再用洋流来解释锰块的来源未免牵强附会。科学家们将这两起发现联系起来推测，它们会不会是沉入海底的姆大陆残留物呢？日本科学家们正通过对太平洋底全面、广泛的科学考察，力图找到新的材料，以便得到姆大陆存在与否可信的解答。

最后需要提出的是，在地质学上，一般认为地球上最后一次造山运动——阿尔卑斯造山运动，发生在距今6000万年前，而乔治瓦特却认为地球上山脉的形成是在距今12000年前，两者之间的差异如此之大，该如何解释呢？地球表面发生过许多复杂的变化，在浩瀚的太平洋中，果真存在过这样一个高度文明的姆大陆吗？也许这仅仅是对世界充满好奇心的人类一个天真善良的愿望而已。

印度洋中的古大陆

展现在我们面前的是一幅与众不同的世界地图。在这幅地图上，澳大利亚北移，与日本列岛、东南亚相连在一起，非洲大陆的一部分分离出来，印度洋中岛屿密布，南加里福尼亚脱离美洲大陆，成为孤岛，地中海中“长筒靴”状的意大利半岛消逝得无影无踪……

这是美国宇航局于1976年发射的“激光地球力学卫星”运载的文字材料，对840万年以后的地球状况作出的“答案”。无独有偶，当人类对古老的往昔进行考察时，竟意外地“发现”地球上曾经存在过雷姆里亚大陆。

关于雷姆里亚大陆的大胆假设由来已久，而且近乎神奇。早在19世纪后半叶，地质学家们就开始探讨非洲南部与印度半岛之间是否存在过“地桥”——雷姆里亚大陆的问题。特殊哺乳类动物生息的马达加斯加岛、巨大陆龟生活的阿尔达布拉群岛、塞舌尔群岛、马尔代夫群岛、拉克代夫群岛等等，从非洲南部一直延续到印度半岛南端之间。据此，地质学家们推测，这些岛屿莫非是古大陆的残余？

奥地利史前地理学家梅尔希奥尔·纽马伊亚，在其1887年出版的著作《古代大陆》中，描绘了侏罗纪（爬虫类时代中叶）的世界地图，在这张地图上，“巴西—埃塞俄比亚大陆”的角落延伸到“印度—马达加斯加半岛”，这表明印度与马达加斯加曾是一个相互联结的整体。

奥地利地质学家爱德华·杜斯认为，古生代（鱼和无脊椎动物的时代）时，南半球存在过一个广袤的“贡达瓦纳大陆”，而北半球则存在过“北阿特兰提斯大陆”和“安格拉大陆”，他的论点发表在1880年出版的《地球表面》一书中。

德国生物学家恩勒斯特·海因里希·赫凯尔发现，一种栗鼠与猿杂交的动物“雷姆尔”，原来生活在马达加斯加，但在远隔大洋的非洲、印度、马来半岛也能见到。据此，他断定，马达加斯加与印度之间的“地桥”直到新生代（哺乳类动物的时代）依然存在，而且，他还认为沉没的大陆很可能就是人类文明的发祥地。

英国动物学家菲力浦·斯科雷特在赫凯尔研究成果的基础上，提议将这个消逝的“地桥”命名为“雷姆里亚”。

德国地球物理学家、气象学家阿尔弗雷德·威格纳（1880—1930年），在1912年提出了著名的大陆“漂移说”。他认为大陆和海洋分别由质地不同的花岗岩和玄武岩构成，因此在很长一段地质年代里，大陆一直在海洋上漂移，不断发生分离、结合，从而形成今天地球表面陆地与海洋的分布状况。

威格纳认为，在古生代，大陆是一个整体，名叫“潘加阿大陆”，中生代（恐龙时代）发生漂移，新生代第四纪冰川来临时，发生分裂。假如威格纳的论点成立的话，那么分离的陆地之间分布着相同的生物也就不难理解了，“地桥”——雷姆里亚大陆根本就不可能存在了。

然而，文献资料和神话故事对消逝大陆的描绘，却令人深信不疑。公元前1世纪的希腊历史学家提奥多罗斯，记载了一个名叫伊安比罗斯的商人漂泊到南方大洋中一块陆地上的奇特而又曲折的经历。

这个商人途经阿拉伯，前往“香料之国”。不料，途中被海盗抓去，被带到埃塞俄比亚，他与另外一个囚徒偷偷地准备了6个月的干粮，驾着轻舟逃离虎口，向南行进，在海上漂流4个月后，被海风吹到一座岛上。

这座岛周长约900千米，气候四季如秋。居民的体形奇特，但并不丑陋，他们性格敦厚，知识丰富，精通占星术，使用独特的拼音字母，在圆

柱上写有文字，人均寿命达150岁，无贫富差别，男女平等。岛上生长着一种苇草，果实可以吃，还有温泉、冷泉，赋予人类健康和长寿，岛的周围海中有7座小岛，亦有居民居住。

这个商人在岛上生活了7年，最后辗转印度、波斯（今伊朗）返回希腊。

这则故事自然会使人联想到柏拉图笔下的“乐园”——阿特兰提斯，同时，也使人联想到英国作家丹尼尔·笛福在《鲁滨逊漂流记》中描写的鲁滨逊的奇特经历，可以食用的苇实可能指的就是稻米。

提奥多罗斯还记载了东方理想国——潘海伊亚。这是一个与阿拉伯进行香料和药品交易的国度，有7座城市，最大的是帕拉那。城中有一座富丽堂皇的大神庙，景致优美，树木、草地、花园、水流融为一体，相映成趣，可爱的小鸟啁啾鸣叫，大象、狮子、豹等动物一应俱全。居民都喜爱武术，普遍使用两轮马拉的战车。居民分为三个阶层，即祭司与手工业者、农夫、士兵与牧民，祭司权势炙人，生活奢华。每年岛民选出三人共同治理国家，实行“三头政治”。居民个人拥有的财产通常是房屋和庭院。一般居民普遍穿羊毛衣服，男女均佩戴黄金饰品，贵重金属矿产丰富，但不准携带出境。

阿拉伯地理学家们认为岛的周长将近5000千米。据4000年前的埃及王国时期纸草文献记载，漂泊到岛上的船员们，在世外桃源般的岛上开始生活后，这座岛屿的统治者——大蛇便出来劝告道：“这座岛屿不久即将沉没。”

希腊人从远古时代起，一直称呼传说中消逝的大陆居民为“普利塞利里特人”，据说这个大陆气候宜人，土地肥沃，人丁兴旺，后来因为触犯神灵而沉入大洋底部。

斯特拉波、普利里乌斯等古希腊、罗马学者，均写过东方大洋中的大岛“塔普罗巴赖”的事情。

古代泰米尔族历史学家们对自己祖先的发祥地进行考察后坚信，在遥远的古代，祖先们生活在位于赤道附近一块名叫“纳瓦拉姆”大岛的南部，大陆的首都“南马德拉”后来沉入印度洋海底。

泰米尔族使用的语言是泰米尔语，迄今在印度次大陆南端的马德拉斯邦、斯里兰卡等地仍在使用。这种语言是南亚德拉维亚语系中，远古时期最为发达的一种书面语。这一系列的文献记载和神话传说都说明印度洋中，曾经存在过一个鲜为人知的“雷姆里亚大陆”。

前苏联语言学博士、地理学会员亚历山大·孔德拉特夫在其著作《三个大陆的秘密》中，从语言学角度探讨了南亚德拉维达语系与雷姆里亚大陆的关系。通过将印度文明中代表性的遗址摩亨佐·达罗、哈拉帕出土的印章和护符中的象形文字输入电脑，与其他地区的语言进行比较后发现，它们吸收了苏美尔人的语言，与德拉维达语最为接近。因此他认为印度文明与苏美尔文明起源于同一个文明，而这个更为古老的文明已随着雷姆里亚大陆的消逝而烟消云散。

尽管雷姆里亚这一名称在 19 世纪即已出现，但是对印度洋的正式调查则始于 20 世纪 60 年代。

1968 年，美国斯库里普斯海洋研究所对印度洋中央海岭进行了科学调查，发现海底有四条南北走向的大海岭，其中两条大海岭今天仍在不断增大。活跃的海岭与不活跃的海岭为何能同在一个大洋底部呢？至今仍无法解开其中的奥秘。

马达加斯加岛、塞舌尔群岛，以及澳大利亚西部的布罗肯海岭作为古大陆的一部分，是怎样从周围的大陆中分离开来的呢？这还是一个令人难以解释的谜。

科学调查结果表明，对印度洋底部地形最为复杂的西北部马斯卡林海域进行钻孔地质调查，发现这一带海底下沉了一千几百米，这是在数千万年的地质年代里发生的。

根据板块结构理论，喜马拉雅山与印度洋是由于共同的成因形成的，由于印度板块向正北方向移动约5000千米，与亚洲板块相撞，形成巨大的喜马拉雅山。那么，在这个具有划时代意义的变革中，雷姆里亚大陆沉浮如何呢？据考察，这个变动发生的年代至少可以追溯到4500万年前。

最新调查结果表明，印度洋海底地壳活动频繁，有些部分持续下沉，有些部分在不断增长。这些缓慢不断地变化是否可以作为雷姆里亚大陆曾经存在的一个有力证据呢？一切都还有待于科学家研究来证实！

神秘消失的地中海古城

2000 年 6 月，埃及和法国的一个联合水下科学考察队在地中海海底发现三处具有2000多年的历史古迹。这三处古迹包括米努茨和希拉克留姆两大古城遗址，以及当年尼罗河流入地中海的 7 个入海口中最大的一个老河口。

据埃及最高文物委员会秘书长加巴拉介绍，这三处古迹分布的方位在亚历山大城附近的地中海阿布吉尔湾以东的近海约 6 米深的海底。其中米努茨古城遗址位于距岸边约 2 千米的海底；再往东 4 千米，即距岸边约 6

千米处是希拉克留姆古城遗址；尼罗河老河口——卡努布河口的位置被埋在阿布吉尔湾的近海海底的地层里。

在米努茨500米宽、800米长的城郭范围内发现了几万根花岗岩打磨的石柱、石块，斯芬克斯雕像以及属于王室家族的头盖骨和一些神像。在希拉克留姆古城遗址，有巨大的石头建筑遗迹，例如几百根花岗岩石柱，高达4米的具有法老风格的国王雕像和大小不一的狮身人面像等。这两座古城遗址中发掘的早期文物分属古埃及新王国时期第二十六王朝和第三十王朝。同时，还发现了公元后的拜占庭东罗马帝国时期和伊斯兰时期的金币、器皿等物。其中最有价值的是古埃及新王国时期使用的石刻天象图。在卡努布老河口两侧的码头区，通过海底磁力探测仪发现了砖石结构的建筑、由此可以推断，当时该地区的经济富庶，民居和庙殿建筑已相当普及。此外，在亚历山大城于公元前3世纪建成之前，卡努布河汊曾是可通航的重要水道，卡努布河口是当年埃及进入地中海的主要出海口。

据指挥法国和埃及水下联合科学考察的法国专家法兰克·克德维介绍，在埃及地中海沿岸地区，自古就有显赫的文明奇迹。特别是在2000多年前，埃及临近地中海的三角洲地区曾流淌着尼罗河的7个分支，如今只剩下两汊，形同蛇信。在这次联合考察过程中，法国人使用水下磁力探测仪，对阿布吉尔海湾水下地层结构进行剖面分析，并对近海海底地貌进行了拼接和递进式的扫描。

当年，在卡努布河汊入海口周围，凝聚了古埃及新王国的繁荣景象，与米努茨和希拉克留姆连成一片，是地中海地区有名的三镇之城。从宗教意义上说，由于当时人们敬神，在卡努布有希拉比斯神庙，在米努茨有伊吉斯神庙，在希拉克留姆则以赫尔格尔神庙著称。由此更使此地商贾云集，朝拜游历者纷至沓来。在公元前450年，希腊学者希鲁杜特曾来埃及游历，他笔下记述的行程从卡努布开始，在那里他朝拜了希拉比斯神庙，又经希拉克留姆城到卡努布河口区的卡努布岛（现更名为“纳尔逊岛”）。公元前25年，希腊史学家斯特拉本对访埃之行有更详细的描述：从亚历山大出发东行，先到卡努布城，然后是米努茨和希拉克留姆，再过去则是卡努布河口和希拉克留姆河口……

既然大量史料有如此真切的记载，那么这些显赫一时的城市和古迹怎么会一下子就消失得无影无踪了呢？是两千多个春秋间的海平面上升造成的？还是地震导致大面积地面沉陷造成的？抑或各原因兼而有之？这一系列的问号，让一代又一代的探险家和史学家都想去解开这个谜团。

到了二战时期的1943年，埃及末代王朝的道颂亲王首次雇佣外来潜水员，在亚历山大近海海底寻找当年的历史遗迹，他们找到了米努茨古城的遗址，并绘制了海底城市遗址的地图。可惜的是，由于当时埃及国事动荡，埃及王室面临着政变危机，未能继续这项科学考察和大规模发掘。但值得赞许的是，1943年，在对米努茨的初步探索中，找到了曾统治埃及并创建亚历山大城的希腊马其顿国王亚历山大大帝的头盖骨。这个头盖骨现陈列在亚历山大希腊博物馆里。如果今后进一步的发掘能最终证实亚历山大大帝的陵墓就在米努茨城的遗址中，那就使世界史学界长期争论不休的一大难题有了定论。

到了1996年，正值世界水下科学探险走俏的年代，欧洲水下古迹研究所与埃及最高文物委员会签约，决定对埃及地中海近海的历史遗迹进行系统考察和发掘。

2000年，有意思的是，埃及前王室成员道颂亲王的孙子侯赛因先生出席了6月4日埃及有关方面举行的专题新闻发布会。看到先人开创的业绩后继有人，抚今追昔，侯赛因百感交集。他说，他在儿时和家人常在盛夏暑热期间住在地中海海滨的宫殿里，并时常在海边捡到彩绘镶嵌石画的碎块，还听大人说海底有沉没的城市和宝藏。更令侯赛因难忘的是，当时有一个曾在地中海近海时常进行低空飞行训练的英国飞行员，非常肯定地告诉道颂亲王，说他在近海的海底看到了“海市蜃楼”，并建议进行水下科学探险。谁能料到这56年的依稀往事，竟然成了这次震惊世界的海底考古成就的开端。

令人惊异的是，地中海古城的消失一直没有文字记载，后人也没有提及。随着海底发掘的进一步深入，相信离揭开谜底的日子不会太远。

海底金字塔之谜

百慕大三角区海域，使无数的船只、飞机和人神秘地失踪，因而也引来了各种科学猜测。其中有一种假设性猜测认为：百慕大三角区海域深处，有一股极强的磁力，可以使船只飞机的罗盘失灵。有人补充说，考虑到此海域的南部就是失踪的玛雅文明的所在地，所以百慕大三角区海底下面一定掩埋着玛雅文明的某些神秘之物。说不定，玛雅文明时代的原子核废料的堆集场就在此海水下面。

这种说法听起来很玄，似乎不太可能。可是，一则出乎意料的新闻使

人们大为吃惊。1977 年 4 月 7 日，法新社发自墨西哥的一则电讯说，科学家们在百慕大三角区的海底，发现了一座比埃及胡夫金字塔还要大的金字塔。这真是一件奇事珍闻。

人们知道，埃及是以金字塔而著称于世的，而事实上，除了埃及之外，在今天的墨西哥、洪都拉斯、秘鲁等地，即古代玛雅人活动的地区，都先后发现有金字塔式的宏伟建筑。然而，玛雅的金字塔和埃及的金字塔略有不同，埃及的金字塔是尖顶的，而玛雅的金字塔的顶端却是平的，相对而言，玛雅的金字塔大多比埃及的金字塔要小。

据称，百慕大三角区海底有一座巨大的金字塔是由一位美国海军上校发现的。尽管当时许多人，包括他本人在内，都不太相信这是真的，但是，声呐探测装置上清楚地显示出这座金字塔位于 360 米的海面之下，高度约为 230 米，边长 300 米，在金字塔的四周是平坦的海底。没有火山喷发过的痕迹，也没有海底山脉从中横过。

于是，有关方面便成立一支探险队，到该地区从事进一步的探测，使用深水潜艇，水下闭路电视摄像机等先进设备，以期能够揭示海底金字塔的真相。

如果百慕大三角区之谜被解开的话，如果证明海底金字塔确实是人工之杰作的话，那么，科学史就将要做修改，甚至人类的历史也要改写。就目前来说，没有人相信这座金字塔是在海水下面建造起来的。因为以现代科技能力来说，要在 360 米以下的海底建造如此之大的金字塔，乃是不可能的，况且它又何必修建在海底呢？人们宁愿相信这座金字塔原先是建造在地面上的。

而如今金字塔却在海底，想必一定是因为陆地下沉的缘故。科学家们相信其中之理，但不敢贸然接受这样的一个结论，因为仅在短短的数千年中，这块陆地怎么“沉入”得那么深？是因为这块陆地的下面是一块巨大的海底盆地吗？也就是说，这块原来被用来修建大金字塔的陆地不但沉入海中，而且沉得比原来的海底还要凹深一些。这又是什么原因造成的呢？

关键的问题是，为什么这个位于海水下面 360 米的金字塔会对海上的船只、天上的飞机的失踪产生影响，而且每一次失踪事件发生后为什么都没有留下痕迹？这真是怪事！这中间到底隐藏着什么秘密呢？一切都还有待于科学家研究来揭晓！

神秘的南·马特尔遗迹

南太平洋波纳佩岛的东南侧有一个名叫泰蒙的小岛，在这个岛延伸出去的珊瑚礁浅滩上，矗立着一座座用巨大的玄武岩石柱纵横交错垒起的高达 4 米多的建筑物，远远望去怪石嶙峋，还以为是大自然鬼斧神工留下的杰作，近看又仿佛是一座座神庙，这就是南·马特尔遗迹。传说这是居住在波纳佩岛上历代酋长死后的坟墓，大大小小共有 89 座，散布在长达 1 100米、宽 450 米的太平洋海域上，它们之间环水相隔，形成了一个个小岛。从高空俯瞰，犹如意大利的水城威尼斯，故而人们又把它比喻为“太平洋上的威尼斯”。

当地人把这些巨大的石造遗迹叫做南·马特尔，按波纳佩语有两个意思，一个意思是“集中着众多的家”，另一个意思是“环绕群岛的宇宙”。这些遗迹一半浸在海水之中，为此，人们只有在涨潮时才能驾着小船进入，退潮时，遗迹周围露出了一片泥泞的沼泽地，小船只能靠在附近，根本进不去。

与同在太平洋上的复活节岛上的石像遗迹相比，南·马特尔遗迹鲜为人知，它那离奇的传说，更使它蒙上了一层神秘的色彩，令人困惑不解。

有关埃及古代陵墓，最令人毛骨悚然的莫过于“法老的毒咒”了。无独有偶，在南太平洋波纳佩岛的南·马特尔遗迹也发生了类似的怪事。据当地人说，这些古墓的来历，从无文字记载，完全是靠口授，从酋长的世系中一代一代地传下来，只有酋长和酋长的继承人才知道，而且口授的内容禁忌向外人泄漏，否则就将遭到诅咒，死神将降到他们的头上。

在日本占领期间，东京大学教授杉浦健一利用占领者的权势，强迫酋长说出古墓的秘密。几天以后，酋长遭雷击身亡。那位杉浦教授回到日本后，正打算将记录的古墓秘密整理成书出版，还没等书写成就突然暴死。后来杉浦家族委托一位对印加人有研究的泉靖一教授继续整理出版，奇怪的是，泉靖一教授不久也突然暴死，从此再也没人敢去完成死者的这一遗愿。

类似的怪事，早在 1907 年在德国统治南洋群岛时也发生过。据说波纳佩鸟第二任总督伯格对南·马特尔遗迹发生了兴趣，根据酋长的口授对伊索克莱凯尔酋长的墓进行发掘，可是下令还不到一天，就应验了不吉的预言，总督突然暴死。19 世纪德国考古学家卡伯纳两次来波纳佩群岛发掘文物，结果同样遭到了极悲惨的下场。

这里变化无常的气候，也使人惊恐不安。20 世纪 70 年代，日本海洋生物学家白井祥平曾来此调查。事后他回忆说：“在阳光灿烂的一天下午，我们一行三人驾着机动船来到了一个当地人叫做‘南·马特尔’的小岛，只见眼前矗立着一座用玄武岩石柱垒起的犹似神庙的建筑物，石墙分内外两层。正当我们从外侧绕到内侧时，突然周围阴沉下来，我抬头仰望了一下天空，刚才晴朗的蓝天已消失，自己头顶上笼罩着一块不知从哪里冒出来的黑云，并且很快向四周延伸，接着电光闪闪，雷声隆隆，瓢泼大雨劈头盖脸地浇下来，我被这突然变幻的天气惊呆了，直到同行的人大声呼唤，我才从沉思中惊醒，发觉自己还傻呆呆地淋在雨中，大约过了 5 分钟，骤雨过去了，天空又立刻放晴。傍晚，我向哈特莱酋长谈起午后在墓地的惊遇，他不禁放声大笑，连连说：‘这儿连一滴雨都没落下’。”

上面所说的几个例子，莫名其妙的暴死、变幻莫测的天气，更使南·马特尔遗迹笼罩着一种神秘的色彩。

近年来，不少欧美学者来此调查，大家都对这项宏伟工程是用人力完成的表示怀疑。据调查，整个建筑用了大约 100 万根玄武岩石柱，系从该岛北岸的采石场开凿，加工成石柱后用筏子运到这里。专家们估计，如果每天有1000名壮劳力从事开凿，那么光是采石就需要 655 年，加之还要用人力加工成五角形或六角形棱柱需要两三百年，最终要完成这项建筑的话，需要1550年的时间。

现在，波特佩岛上有人口 2.5 万人，而南·马特尔遗迹建造的古代，人口还不到现在的 1/10。据此，1000 名壮劳力的人数差不多是动员了全岛所有的劳动力，何况，为了确保生存，还得抽调一部分人去从事农业劳动，因此专家们设想这项工程很难是凭借人力完成的。

有的考古学者认为玄武岩是岩浆冷却的火成岩，试图将建造遗迹用的五角、六角形石柱解释成是冷却凝固成型的。但是，从实际石柱的表面来看，很难解释成是自然成型的。

另一方面，美国的一调查小组曾用碳 14 对遗迹进行了年代测定。结果表明南·马特尔遗迹是在距今近 800 年前，即公元 1200 年左右建造的。公元 13 世纪初是萨乌鲁鲁王朝统治波纳佩岛时期，所以调查设想环绕波纳佩岛的南·马特尔遗迹也许是作为该王朝的要塞修建的。萨乌鲁鲁王朝创始于公元 11 世纪，在经历了 200 多年的繁荣时期后灭亡了。因此，在这样短的时间内就完成南·马特尔建筑，怎么也不能使人相信。南·马特尔建筑也就成了一个未解之谜。

有不少学者对南·马特尔建筑遗迹之谜早就开始着手研究，提出了众多的假说。1869 年，驻印度的英国军官詹姆斯·拉奇伍德从一位高僧珍藏多年而从未向外人显露的几个泥塑板上破译出其中的记载：远古的太平洋上存在着辽阔的第六大陆，它包括东到夏威夷群岛，西到马利亚纳群岛，南到波纳佩群岛和库克群岛的广大区域，是人类最早的发祥地之一，距今约 5 万年前，繁荣一时，在 1.2 万年前因大地震而沉陷海底。拉奇伍德经多年考察后认为，现今南太平洋上的无数岛是第六大陆的残骸，而南·马特尔遗迹就是泥塑板上记载的第六大陆文化中心的七城市之一——罕拉尼普拉。

长年从事波纳佩岛与第六大陆关系研究的詹宁不同意拉奇伍德的说法，认为第六大陆的真正文化中心是在现今夏威夷岛东北五六千米的地方。但他十分称道拉奇伍德破译泥塑板上所记载的内容的价值。他认为，泥塑板所记载的是 2 万年前古印度的历史，文中记述了当时已有像今天的飞机那样能在空中飞行的机械，与古印度梵语叙事诗“摩诃波罗多”中的记载相似，也可解释南·马特尔岛上流传的巨石建筑是外来的阿迪儿法伊兄弟用咒语驱动巨石飞来的神话。他认为第六大陆的文明科学与今天的科学不同，有控制重力的能力，今天印度瑜伽行者能使身体飘浮在空中的能力也包括在第六大陆文明之列。

由此，美国反重力工程学专家戴维认为通过反重力工程学的研究，也许可以揭开南·马特尔巨石建筑之谜。他根据爱因斯坦的统一论导出的音叉装置提出声共振作用产生反重力的假说，企图以此来说明南·马特尔巨石建筑是利用反重力控制法空运来的。他还指出阿波罗计划的登月舱装着的火箭只是为摆脱月球的重力，是一种军事上需要的伪装，而与此同时也使用反重力装置。

尽管假说众多，但也矛盾重重，疑点密布，可信度不高。研究发掘者暴死之真正原因是什么？第六大陆是否真正存在过？在南·马特尔的建造年代上哪家之说较为可信？这一切都有待进一步调查！

无法解释的史前科技

WU FA JIE SHI DE SHI QIAN KE JI

令人困惑不解的古电池

1936 年 6 月盛夏，伊拉克首都巴格达城外，人们在修建铁路铺设路基时，突然发现地面上露出一块巨大的石板，板上刻有许多波斯文字。众人围拢上前，观看着，惊讶，困惑，不知这到底是什么。几个好事者持锹向前，向下挖去，很快，一个巨大的石板砌成的古代石棺出现在人们眼前。施工暂时停止了。伊拉克博物馆的考古学家们立即赶来，修建铁路的工地上顿时出现了考古热。

两个多月过去了，巨大的石棺终于打开了，里面发现了大量公元前 248 年—公元前 226 年古波斯时代的文物。但是，其中最使考古学家惊讶的，不是由 613 颗珍珠组成的念珠和大量金银器，而是一些铜棒、铁棒和陶器。

“这些小型铜管、铁棒和陶器为何和金银器等贵重物品一起随葬？它们有什么作用?”当时担任伊拉克博物馆馆长的德国考古学家瓦利哈拉姆·卡维尼格围着出土文物转来转去，百思不得其解。于是，他立即组织力量，对这些铜管、铁棒和陶器进行研究和鉴定。不久，他描述说：

“我们发现了一个异常奇特的文物，它是一个陶瓶，高 15 厘米，形似花瓶，呈乳白偏黄色，上端为口状，瓶里装满了沥青。沥青中埋有一根铜管，直径 2.6 厘米，高 9 厘米。铜管内有一层沥青，包着一根铁棒。铁棒上端高出铜管 1 厘米，高出的部分虽布满铁锈，但个别地方却有一层灰色偏黄的物质，看上去好像是一层铅。铁棒下端则塞有 3 厘米高的沥青，使铁棒同铜管相隔离。”

人们倾听着他的叙述，十分惊讶，但谁也不知道这些东西到底是用来做什么的。

不久，经过进一步鉴定，卡维尼格宣布一个惊人的消息：“这些出土的铜管、铁棒和陶器是古代化学电池。只要向陶瓶内倒入一些酸或碱性水，便可发出电来。”这就是说，在公元前248—公元前 226 年之间，居住在这里的波斯人就开始使用电池了。

巴格达古电池

卡维尼格的消息震动了考古界。世界各地的考古学家纷纷赶来，要仔细地研究这个古代化学电池。但是，卡维尼格和古代化学电池却突然不见了。考古学家们四处寻找，但却毫无结果。

原来，卡维尼格带着这些古代电池悄悄地返回德国了，以便证实他的另一个惊人的发现。几个月后，卡维尼格出现在柏林，公布了一个更令人惊讶的消息。他说：“根据出土文物中有可装配 10 个电池的材料来分析，这些电池当时是被串联使用的，串联这些电池的目的则是通过电解法将金涂在雕像或装饰品上。”

卡维尼格这两个发现立即引起世界考古界大哗。但是，他的论断却长时间未获考古界的承认。为什么呢？

正如此后访问巴格达的英国科学博物馆秘书长——化学和自然科学家瓦里特尔·温冬所说：“尽管他的论断颇有道理，但自然科学家很难相信，化学电池在伏特和伽伐尼发明电池之前1 500年就诞生了。这个考古发现如果能在科学上确立，那么，便将成为科学史上一个最大的事件！”

面对非议，卡维尼格并不灰心，仍然坚持自己的观点。他感慨地说：“迄今为止，没有任何科学家能够反驳我的论断，但科学界却无视这种事实，对以往观点的坚持和对古代历史的蔑视，使科学界未接受2000年前两河流域（指伊拉克幼发拉底河同底格里斯河之间地区）的居民就使用了电

这一事实。”

困难之际，一位德国学者艾林·艾杰巴利希特帮助了卡维尼格。他制作了一些铜管、铁棒和陶瓶，仿制出“巴格达电池”。他取来新鲜的葡萄汁，倒入电池中，立即，奇迹出现了：连接着电池的电压表显示出半伏电压。电池发电性能确定后，艾杰巴利希特又做电解镀金试验。经过反复试验，他终于证实，古代人正是用这种方法镀金的。

除艾杰巴利希特外，美国科学家们也模仿巴格达电池进行了一系列试验。他们用复制品也成功地获得了半伏特电，而且电池持续工作了18天。试验中使用了葡萄酒、铜硫黄、盐硫酸等古代居民拥有的溶液做电池溶液。此后，这些科学家们宣布，巴格达附近发现的铜管、铁棒和陶器只能被认为是用于制作化学电池。

这不仅表明古代波斯人已知道怎样使用电，而且提出了一个重要问题：使用电可能是古代冶炼技术的一个重要手段，用以炼铁和其他金属，制作兵器。

但是，如果在2000多年前，人类就已经发明了电池，并可以用电来完成各种复杂的工艺。那么，这种技术为什么在随后的岁月里突然消失了呢？人们为什么没有将这一技术传播下来？为什么直到伏特和伽伐尼再次发明电池呢？这些谜题何时才能解开呢？

古墓中的现代家电

古埃及是世界文明的发源地之一。古埃及人民在文字、历法、艺术、科学知识等方面，对西部亚洲和欧洲曾经有过相当的影响，对人类做出了不可磨灭的贡献。同时，古埃及也留下了诸如金字塔、法老魔咒等等人类难以解释的神秘现象。

这里所说的便是在神秘的埃及大地上发现的又一个让人震惊的事实，即古墓里的长明电灯和远古彩色电视机。

在古埃及的金字塔建筑群中，规模最大、最高的一座是距今有4 600年，在开罗近郊吉萨建造的古王国时期第四王朝法老胡夫的陵墓，古希腊人称其为奇妙的金字塔。该金字塔内部结构极为复杂和神奇，里面装饰着雕刻、绘画等艺术珍品。

首先让人感到奇怪的是，在漆黑不见五指的墓室和甬道里，这些精致的艺术作品是靠什么光线的照明才进行雕刻和绘画的呢？假如让我们猜想的话，在远古时代中火把或油灯一定是自然而然的照明用具了，但是，当时如果真的是使用火把或油灯，那么，在里面一定会留下一点“用火”的痕迹。

经过现代科学家用世界上最先进的，能够精确分析出每一粒灰尘的百万分之一化学成分的现代化仪器的分析，证明了这样一个不可思议的结果，即：在墓室和甬道积存了4600多年之久的灰尘，经全面细致和科学化验的分析，竟没有发现一丝一毫使用过火把和油灯的痕迹。难道，给古埃及的艺术家们提供照明的根本不是火把和油灯，而是另外某种特殊的能够发出足够光亮的电气装置和照明设备吗？距今4000多年前的古埃及人竟知道现代电灯照明的原理吗？

史料又确切记载，公元1401年，考古学家在意大利罗马发掘一座帕拉斯古墓时，发现墓室被一盏明亮的灯照亮着，经推断，这盏灯在墓室中已经亮了2000多年而没有熄灭，在考古学家进入墓门之后，这盏灯才自动熄灭了。

公元1845年4月，考古学家又在罗马附近发现一位古代女子的石棺，她的全身肌肉还没有腐烂，像活人一样栩栩如生。在刚开启这具石棺时，考古学家不禁呆住了：石棺内竟有一盏明亮的古灯，这古灯至少在棺内亮了1500年之久而没有熄灭。为什么在已经掩埋、密封了1500多年的坟墓中竟会有这样燃着而不熄灭的古灯呢？从发现的这两盏古灯的外表上看，它们与现代的电灯不同，但推断它们发光的原理却和现代电灯有一些相似之处。

在法老墓中无法解释的照明古灯的发现，说明远在几千年前，可能某些古人就已经制造出了某种特殊的照明设备和能让古灯永放光芒的电气装置了。只是，查遍现存史料，都找不到有任何试制电器的历史记载，很多人据此认为：古人绝对不可能有如此高超的电气技术，这些古灯，很可能是当时比地球人发达的天外来客留在地球上的制品。由于发现古灯的时代受科技的限制因而无法进行深入的研究和探索，这些古灯的光亮也是我们无法揭晓的谜团。

不久前，世界著名考古学家威夏劳·勒加博士又在埃及尼罗河畔一座从未有人发掘的距今约4000多年的古墓中，竟发现了一台完好无损的远古彩色电视机，这无疑又为古代电气的神秘来源蒙上了一层疑团。

这台被发掘出来的电视机只有一条线路，也就是说只能接收一个电视台的节目。另外，它有四个三角形的荧光屏，屏的四周都镀上了黄金，它的内部机件竟是用目前最先进的钛金属制造的，质地极为坚固，它的动力来源可能是太阳能电池。经科学家通过年份鉴定，证明它已有4200年以上

的历史。

电视机是近代才被发明的。在1928年，英国人贝尔德发明了电视接收系统，而彩电的出现则是在20世纪30年代之后了。4000年以前的古埃及人不可能拥有现代制作彩电的材料，也不可能具有这样高超的工艺水平来造出这台电视机，那么，这台彩电到底出自谁人之手呢？

由于种种不能解释的原因，于是，很多专家便猜测这台电视机极可能是来自外星球，是外星人留在地球的杰作。然而这些外星人什么时间到达了地球？他们来干什么？为什么留下这台彩电？他们的科技发展到现在到了哪种程度呢？这些疑问困扰着考古学家、历史学家和各类专家们。

有一位电子工程师里察·蒙纳花了近1个月的时间细致地检查了这台电视机，并弄清了它的线路和工作原理。他试着准备用目前最先进的技术复制出一台同样的远古电视机，以试图用它接收另外一个星球的电视信号。这项工作能成功吗？至今，这还是一个疑问呢！

4000年前的飞机模型

距今4000年前的古埃及人，一直是考古学家的研究对象。这个文明古国至今仍有不少未能解开的谜团。大家都知道，直到1903年地球上的人类才制造了第一架飞机。可奇怪的是，考古学家们却在埃及发现了4000年前的飞机模型以及浮雕上的飞机图案。难道四千年前的古埃及人就看见过或者发明过飞机？

早在1898年，就有人在埃及一座4000多年前的古墓里发现了一个与现代飞机极为相似的模型。这个模型是用当时古埃及盛产的小无花果树木制成的，重量为31.5克。因为当时的人们还没有飞机这个概念，所以就把它称之为“木鸟模型”。这个模型现在还摆放在开罗的古物博物馆，编号为“物种登记”第6347号，放在第22室。博物馆内还珍藏了许多其他类似的模型，但很少有人能获取接近这些模型的权力。

开罗博物馆

直到1969年，考古学家卡里尔·米沙博士终于获得特许，进入这个博物馆藏有“木鸟模型”的古代遗物仓库。在这里，米沙博士看到了许多像飞鸟一样的模型。这些飞鸟模型有个共同特点，就是都有鸟足，整体形状半人半鸟。而这个“木鸟模型”除了头有些像鸟外，其他部分都跟现在的单翼飞机差不多，它也有一对平展开来的翅膀，一个平卧的机体，尾部还有垂直的尾翼，下面还有脱落的水平尾翼的痕迹。

为了弄清这架飞机模型的本来面目，米沙博士便建议埃及文化部组成特别委员会进行专门调查研究。1971年12月，由考古学家、航空史学家、空气动力学家和飞行员组成的委员会开始了对这架飞机模型的测量研究。经鉴定，许多专家认为，它具有现代飞机的基本特点和性能：机身长14厘米，两翼是直的，跨度18厘米，嘴尖长3厘米，机尾像鱼翅一样垂直，尾翼上有像现代飞机尾部平衡器的装置。尾翼除外形符合空气动力要求外，还有反上反角的特点，使机身有巨大的上升力。机内各部件的比例也很精确。只要稍加推动，它还能飞行相当一段距离。所以，一些专家们断定，这绝不是古埃及工匠给国王制造的玩具，而是经过反复计算和实验的最后成品。后来在埃及其他一些地方，人们又陆续找到了14架这类飞机模型。看来古埃及人对飞机并不是很陌生。西方有些人认为：几千年前的人根本不可能制造出飞机，这些飞机模型，都是外星人在地球上留下的制品。此外，在古埃及浮雕之上，考古学家发现有先进的飞机图案出现。

1979年，英籍考古学家韦斯在埃及东北部一个荒芜沙漠中发现一所古庙遗址，起初他只是视之为废弃庙宇。不过，当韦斯细看庙宇的壁画时，却在其中一处浮雕壁画中发现了一个奇怪现象，就是看见与现今飞机形状极其相同的浮雕，以及一系列类似的飞行物体。这些不规则图案，可能是当地人记载见闻的方法。浮雕上除了飞机样子的图案外，还有一些不明飞行物体的图案，很像被现代人冠以UFO的飞碟。

在这个庙宇发现的浮雕中，有至少三—四个飞行物与今日的飞机形状极为相同，飞机在20世纪才出现，但竟然在4000年前的古埃及的壁画中出现，科学家至今对此都摸不着头脑。

虽然科学家历来对古埃及文明的研究都不遗余力，但所知依然有限。在世界历史中，不少远古民族在发展语言和文字之初，均以壁画记载历史或表达某些经文。出现在庙宇中的浮雕，也可能不过是古埃及人用以记载某一件事或表达某一种意思而已。

令人惊奇的是，在南美洲的一些地方，考古学家也发现了一些与古埃

及飞机模型极为相似的古老的飞机模型。在南美的一个国家的地下约 240 米深的地方，考古学家挖出了一个用黄金铸造的古代飞机模型，跟现代的 B52 型轰炸机十分相像。据科学家们分析，这架飞机的模型不但设计精巧，而且具有飞行性能。美国纽约研究所的专家们在为这架古代飞机模型作过风洞试验后，绘制了一张技术图纸，这些图纸把古代飞机模型的概貌描绘了出来。1954 年，哥伦比亚共和国在美国的博物馆展出过古代金质飞机的模型。后来在南美其他国家也陆续发现过这类飞机模型。

古埃及与南美之间的飞机模型之间有什么内在联系吗？是埃及人驾机曾经飞到过南美洲吗？既然4000年前的人已经发明了飞机，可为什么直到 1903 年才有了世界上的第一架飞机呢？古代人是凭借什么手段制造了飞机的呢？难道真的是外星人的作为吗？

目前，我们还很难断定4000年前的古埃及人是否看过直升机、潜艇或其他飞行物体。研究外星人的学者一直相信，远古的高度文明，是由外星人传来的。在阿特兰提斯与玛雅文明等，都有类似的传言。古埃及人是否曾经接触过外星人？逝去的历史我们无法确知。但是古埃及是个非常注重历史与教育的民族，如果他们真的接触过外星文明，我们也不可能找不到任何相关资料的记载。

要揭开这些4 000年前的飞机模型的神秘面纱，还需要考古学家和科学家的共同努力！

奥克洛原子反应堆

位于非洲中部的加蓬共和国，有个风景非常美丽的地方——奥克洛。但是，奥克洛的闻名于世，并不是由于它的风光，而是它那神秘莫测的原子反应堆。

1972 年 6 月，奥克洛的铀矿石运到了法国的一家工厂。法国科学家对这些铀矿石进行了严格的科学测定，发现这些铀矿中铀 235 的含量低到不足 0.3%。而其他任何铀矿中铀 235 的含量理应是 0.73%。这种奇特的现象引起了科学家们的高度重视和关注，运用多种先进的技术手段和科学方法，努力寻找这些矿石中铀 235 含量偏低的原因。经过再三深入探讨和研究，科学家们十分惊奇地发现：这些铀矿石早已被燃烧过，早已被人用过，这一重大发现立即轰动了科技界。为了彻底查明事实真相，欧美一些国家的许多科学家纷纷前往奥克洛铀矿区，深入进行考察和研究。经过长时间的共同努力探索，断定在奥克洛有一个很古老的原子反应堆，又叫核反应堆。

这个原子反应堆由 6 个区域的大约 500 吨铀矿石组成，它的输出功率只有 1000 千瓦左右。据科学家们考证，该矿成矿年代大约在 20 亿年前，原子反应堆在成矿后不久就开始运转，运转时间长达 50 万年之久。面对这个 20 亿年前的设计科学、结构合理、保存完整的原子反应堆，科学家们瞠目结舌、百思不解。这个原子反应堆究竟是谁设计、建造和遗留下来的呢？这是一个令全世界科学家都无法揭晓的特大奇谜。由于这个奇迹出现于奥克洛矿区，因此，科学家们把它称为“奥克洛之谜”。

这个古老的原子反应堆是自然形成的吗？科学家们一致否定了这种可能性，因为自然界根本无法满足链式反应所具备的异常苛刻的技术条件。只有运用人工的科学方法使铀等重元素的原子核受中子轰击时，才能裂变成碎片，并再放出中子，这些中子再打入铀的原子核，再引起裂变——连续不断的核反应（链式反应），当原子核发生裂变或骤变反应时释放出大量的能量。原子反应堆是使铀等放射性元素的原子核裂变以取得原子能的装置。这种装置绝对不可能自然形成，只能按照严格的科学原理和程序，采用高度精密而先进的技术手段和设备，由科学家和专门技术工人来建造的，只有用人工的方法使铀等通过链式反应或氢核通过热核反应聚合氦核的过程才能取得原子能。

既然如此，这个原子反应堆的建造者是谁呢？据研究，早在 20 亿年以前，地球上还只有真核细胞的藻类，人类还没有出现。到新生代第四纪更新世早期（距今约 300 多万年前），才开始出现了早期的猿人。直到第二次世界大战末期，人类才制造了第一颗原子弹。1950 年，在美国爱达荷州荒漠中的一座实验室内，才第一次用原子能发电。1954 年，前苏联才建造了世界上第一座核电站。由此看来，距今 20 亿年前，在奥克洛建造原子反应堆的，绝对不会是地球上的人类，而只能是天外来客。

一些科学家推测，20 亿年前，外星人曾乘坐“原子动力宇宙飞船”来到地球上，选择了奥克洛这个地方建造了原子反应堆，以在原子裂变或聚变所释放的能量为能源动力。产生原子动力的主要设备是原子反应堆系统和发动机系统两大部分。反应堆是热源，介质在其中吸收裂变反应释出的能量使发动机做功而产生动力，为他们在地球上的活动提供能量。后来，他们离开了地球，返回了他们的故乡——遥远的外星球，于是在地球上留下了这座极古老而又神秘的原子反

应堆。

原住在奥克洛附近的主要是芳族、巴普努族等。在他们中间，流传着这样的神话传说：在非常遥远的古代，整个世界漆黑一团，没有人类，也没有任何生物，大地一片荒凉。突然一个神仙从天而降，来到奥克洛地区，用矿石雕刻了两个石像，一男一女，"石像能放出耀眼的光芒"，使茫茫黑夜中出现了白昼。有一天，蓦然狂风怒吼，雷鸣电闪，两个石像变成了活生生的人，并且结成恩爱夫妻，生儿育女，他们的子孙后代，便成了当地部落的祖先。这个神话透露出了一点消息，那个"自天而降"的神仙，很可能就是外星人，而那个能放出耀眼光芒的石像，很可能就是受过原子辐射照射的某些介质被加热后所释放出的光。

对此，也有人从另外一个角度进行解释。有人认为，地球上不止有一代人，在 20 亿年前，就曾有过一次高度发达的人类社会，由于相互仇视，发动核战争，人类毁灭了，但也留下了一些数量极少的遗物。而奥克洛原子反应堆，就是 20 亿年前的人类建造的。

到底哪一种说法对呢？现在还不是做结论的时候，还有待于人们进行深入的研究和探索。

古代的核战争

印度是人类文明发源地之一。1920 年，在印度河流域发现了古代印度大都市遗迹——摩汉乔·达罗。据推测，这座城市应是建于约5 000年前，有许多令人惊异的奥秘。

摩汉乔·达罗遗迹的中心部分约 5 千米，可分为西侧的城塞和东侧的广大市街地。令人吃惊的是市街地中竟可以住30 000人以上。

这里的家家户户都有小门朝向中央，有些房子则是面向中庭。房屋的材料是砖块，并被民众普遍使用，这是令人难以置信的事，因为在其他古代文明中，砖地是只用于王宫及神殿的昂贵奢侈品。

每一户人家中，都备有几近完善的下水道设施。二楼冲洗式厕所的水，亦可经墙壁内的土管排至下水道，甚至有的人家还有给高楼投掷垃圾的垃圾筒。

每户人家流出的排水，都先贮于污水筒里，再从小路的排水沟排至大街的下水道。砖制的下水道上设有石盖，并用土予以掩埋。除此之外，各处还设有定期清扫用的升降工作口。

摩汉乔·达罗遗迹是由共 7 层的都市组合而成的，但最上层和最下层的建造方式全然相同。因此，只能认为此文明是以完整的形态，突然出现在印度平原上的。

在摩汉乔·达罗遗迹里，令人不解的是从遗迹上层部发掘出的人骨群。

从古代遗迹中发掘出人骨是极为正常的，可是，在摩汉乔·达罗遗迹中发现的人骨，却是以异常的状态死亡的。也就是说，那些人骨并非埋葬在墓中，而是“猝死”在房间里。

在房间V的第74室中发现的14具遗骨，全处于十分异样的状态，其中有儿童的遗体，令人惨不忍睹。有的脸朝下，有的横躺，重叠在其他的遗体上；也有的遗体用双手盖住脸呈现保护自己的绝望的样子。除此之外，还有痛苦地扭曲身躯的遗体。

当时并没有足以一夜间突然夺去住民全部性命的流行病发生，遗体上也没有发现遭受袭击的迹象。如果他们是集体自杀的话，为什么会在井边发现正在洗涤物品的遗体呢？近几年，印度的考古学家卡哈博士作了十分值得注目的报告。

“我在9具白骨中，发现有几具白骨有高温加热的证据，我很难相信这些白骨上高温加热的痕迹，是被人突然袭击并被杀所留下来的。”

不用说，这当然也不是火葬，那么，这高温加热的痕迹究竟是什么呢？按常理来判断，唯一的可能就是火山爆发，但印度河流域中并无火山存在。

那么，是什么力量能用异常的高温使摩汉乔·达罗的住民猝死呢？

远古史研究者们这时才相信，在遥远的古代，人类曾经历过核战争，因为流传于世界各地的神话与传说中都描述过古代惊人的战争场面，而且，在考古中也看到了种种痕迹。如在以色列、伊拉克沙漠及撒哈拉沙漠、戈壁沙漠中发现因高温而玻璃化的地层；在土耳其卡巴德奇亚遗迹及阿尔及利亚塔亚里遗迹中，发现因高热破坏而形成的奇石群；在西亚的欧库罗矿山中，发现铀矿石上有发生颇具规模的核子分裂连锁反应的痕迹。

事实上，包括印度平原的印亚大陆，是神话传说中最常传诵发生古代核战争的地方。如传诵公元前3000年之史迹的大型叙事诗《玛哈巴拉德》就是其中之一，诗中描绘了英雄亚斯瓦达曼向敌人发射“连神都难以抵抗的亚格尼亚武器”：

“箭雨发射于空中，整捆的箭像耀眼的流星一样，化成光包围了敌人。突然，黑夜笼罩住巴达瓦的大军，因此，敌人就丧失了方向感。”

“太阳异动，天空烧成焦黑，散发出异常的热气。象群被此武器的能量焚烧，慌忙从火焰中四处逃匿。水

蒸发，住在水中的生物也烧焦了。”

“从所有角落燃烧而来的箭雨，与凛冽的风一同落下。敌人的战士们，就像遭到比雷还猛烈的武器，烈火所烧毁的树木一样，一一地倒地。被这种武器焚烧的巨象群也倒于附近，并发出惨痛的哀号声。被烧伤的其他象群，则像发疯般地四处奔逃寻找水源。”

这一惨烈的场面，真可与 1945 年 8 月的广岛长崎核爆炸相提并论。

那么摩汉乔·达罗和古代的核战争又有何关系呢？印度的另外一篇叙事诗《拉玛亚那》里，也叙述了一段凄绝惨烈的古代核战争的情景，就像核爆炸一样，“那绽放出令人畏惧的亮光巨枪一发射，连 30 万的大军也在一瞬间完全消灭殆尽”。更值得注意的是，战争发生在一个被称作“兰卡”的都市。都市构造十分森严，“四面有 4 个巨门，门用铁链锁着”，“门内随时备有巨大岩、箭、机械、铁制的夏格尼武器以及其他的武器”，“城堡用难以攀登的黄金城壁加以环绕，背后的巨沟中装满了冰水”。

若进而将此地理上的描写与地图比照的话，可发现这座城堡都市“兰卡”似乎就位于印度河流域的某个地方。

而摩汉乔·达罗遗迹正位于印度河边，当地人现在仍称它为“兰卡”！

印度新德里年代学研究所所长 S·B·罗伊曾十分肯定地说：“这两大叙事诗，虽是用诗的语法写成的，但记叙的大部分是实际存在的事。诗中有许多关于星球及星座的记叙，可推测它应是记载发生事件的日期，我们也可用推测日期的方法来推测地点，《拉玛亚那》中的兰卡，就是摩汉乔·达罗。”

根据罗伊的说法，战争发生在公元前 2030 年—前 1930 年间，经过与碳 14 的分析结果相对照，证明摩汉乔·达罗的住民确定是在这时期左右从这座古代城市中消失了。

1978 年，英国考古学家大卫勃特和威恩山迪，前往摩汉乔·达罗实地考察，进一步寻找古代核战争的痕迹。他们从本地人那儿得知，在距遗迹中心不远的地方，有一个本地人称为“玻璃化的市镇”的神秘场所。

这里到处都铺着绿色光泽的黑石，很明显可看出那是“托立尼提物质”。因为当世界第一颗原子弹“托立尼提号”在美国新墨西哥州的沙漠中试爆时，沙漠中的沙就因核子爆炸的高热而熔化，凝固成玻璃状物质，也因此将它称为“托立尼提物质”。而摩汉乔·达罗中也到处散堆着托立尼提物质。

在因高热而熔化又凝固的矿山中，也有扭曲成玻璃状的壶之碎片、因异常的热气而黏成砖块的碎片、染成黑色陶土制的手镯的碎片等等混杂在其中。

由于这座“玻璃化的市镇”是本地人的神圣之地，故难以进行深入的挖掘调查，也不为外界知晓。大卫勃特二人并不到此止步，他们费劲千辛万苦，从“玻璃化的市镇”里带回了几个标本，送到罗马科学大学火山学研究室进行分析，结果是：

第一件标本壶的碎片，是从外侧向内侧加热并又急速冷却的。亦即是最低也有 950～1 000℃的高温加热，然后再急速冷却的。

第二个标本“黑石”则是由石英、长石及玻璃质所形成的矿物，这种矿物的熔点大约是1 400～1 500℃。可是，从形成空洞孔的外观来看，可知此应是由极高温在极短的时间形成的。

如果在窑中或普通的火中，是不会产生那种“在极短的时间内产生数千度高热，然后又急速冷却”的效果的。

大卫勃特在调查摩汉乔·达罗时，也发现了许多足以证明这座城市曾发生强烈爆炸的证据，如一瞬间崩溃的砖造建造物的痕迹，因高热而烧毁的砖块，大量的灰烬等等。

因此，大卫勃特肯定摩汉乔·达罗是古代核战争的战场，在它的上空，曾经发生过比广岛原子弹还要大的数千吨的核爆炸。他说：

“我们之所以主张这是核子爆炸的结果，是因为在我们现在的科学技术的阶段中，所惟一知道能让其在瞬间发生热波和冲击波的爆炸物只有核子武器。”

不过，上述事实至今仍然无法获得进一步的证实，摩汉乔·达罗仍然有许多难解之谜。

发动古代核战争的是哪两个敌对势力？为何非发动核子不可呢？古代人又是如何拥有核武器技术的呢？

建造摩汉乔·达罗的是什么人？从何处来，又往何处去？这里形成的高度文明，就这样无声无息地消逝了吗？

安地基西拉机械装置

1900 年复活节前不久，一队乘船出海的希腊采海绵的潜水员，因为遇到强烈的风暴，轮船偏离了航道，于是他们掉头向东北方向航行，前往安地基西拉岛最北端的宁静海面躲避。

风暴持续了一个星期，其间，船长派潜水员潜水寻找海绵，船上最有经验的潜水员史达狄亚提斯在 42 米深的地方，发现了一艘沉没的古船，船上有许多物品。

到了1900年11月末，有人开始打捞这艘沉船上的东西，希腊政府派了一艘船协助工作，打捞工作持续了9个月。

8个月后，在船上捞获的全部珍品都存入了雅典国家考古博物馆。馆内一位目光锐利的考古学家史泰斯在这批古物中发现了一件状如现代时钟的铜制机械装置，后来被称之为“安地基西拉机械装置”。在它的一块碎片上留有古代雕刻，后来证实是在公元前1世纪期间刻上去的，雕刻保存最完好的部分与公元前77年前后的一份天文历类似。

阿基米德塑像

1902年，史泰斯宣布：这件装置是古希腊的一种天文仪器。他的看法随即引起了学术界的争论，至今尚未有定论。历史学家开始认为，古希腊不可能有这么高超的机械工艺，虽然在数学方面成就显赫，但古希腊并没有机械制造技术。安地基西拉机械装置的发现，似乎要打破这一固有的观念。其后数年间，出现了几种不同意见：有人认为，那个如便携式打字机一半大小的机械装置是星盘，是航海的人用来测量地平线上天体角距的仪器；有的人认为可能是数学家阿基米德制造的小型天象仪；有的人认为机械装置如此复杂，不可能是上述两种中的任何一种；最保守的学术界人士甚至认为，机械装置是千年后从其他驶经该海域的船只上掉下去的。

1975年，安地基西拉机械装置的奥秘终于被揭开，耶鲁大学的普莱斯教授经过长期的研究，并在希腊原子能委员会的协助下，用丙射线检查机械装置的各个部位，了解了30多个铜齿轮的结构原理。他认为，这个装置是一台计算机，是公元前87年前后制造的，用来计算日月星辰的运行。这四件残缺的机械装置有结构复杂的齿轮、标度盘和刻着符号的壳板。普莱斯教授把它比做“在图坦哈门王陵墓中发现的一架喷气飞机”，这的确是一项前所未有的重大发现。

但是如此复杂的计算机是谁制造

的呢？真的是公元前87年的某位古希腊人？那个时候怎么能够制造出如此精密的仪器呢？于是，有些人还在坚信，制造这个机械装置的根本不是古希腊人，而是来到地球上的外星球人。

神秘的手术痕迹和“弹洞”

19世纪60年代，美国外交家、人类学家斯奎尔在秘鲁发掘到一个石器时代人的头盖骨，它的上面有两条切割得非常精确的平行细沟槽，另有两条槽与其相交，四条沟槽围住那块完整的头骨，显然是曾被人打开过。于是，一宗史前的脑外科手术遗迹被发现了，这种开颅的方法现在叫做环钻术。经最有权威的人类学家布洛卡博士实验，证实颅骨是远古那个人活着的时候被打开的，并断定切口周围的骨头有感染迹象，病人在开刀后大概只活了15天。

其后20年，从俄国的西部到大西洋沿岸的各处考古场，都发现了石器时代、铜器时代和铁器时代人类施用环钻术做手术的证据。这些颅骨上的切口的形状和大小不尽相同，最多见的是圆形、椭圆形、菱形和四方形。更令人惊讶的是，1936年在巴勒斯坦发现的两个开颅颅骨上面的割锯方式竟与远隔重洋、在秘鲁所发现的那个完全一样。

史实证明，直到20世纪初，太平洋各岛国仍有人采用环钻术做手术。有鉴于此，人类学家向现代“石器时代”的钻脑医师提出几个问题：这样做的目的是什么？在这样做手术的过程中，医师是如何对付病人流血和减除其痛苦的呢？

原来，这些岛民和史前的钻脑医师一样，对人脑的功能一无所知，因此做起手术来毫无顾忌。他们看见有人因脑部受伤而昏迷，便想清理伤口和取出嵌入里面的颅骨碎片。他们认为痉挛、头痛、昏睡和抑郁症都是因为颅内存在有害的东西而引起的，必须把它们清理出来才能痊愈。当时做开颅手术非常普遍和经常，从6岁至60岁的男女都有，有一个颅骨上面竟被开有7个圆形切口。

但从术后颅骨切口愈合的例子看，石器时代的环钻术成功率非常高。据统计，波兰和捷克出土的一批颅骨，80％以上有愈合迹象。在美洲发现的颅骨上的214处环钻痕迹，近56％显示完全愈合，16％显示部分愈合。而在近现代直到第一次世界大战期间，环钻术的成功率充其量还超不过25％。

石器时代的人类是怎么进行这么精细切割的呢？经研究证明，实施这

种手术时，最常见的办法似乎并不是锯开，而是沿着所要切开的直线或弧线，多次用压力刮削。手术时间一定很长，因为薄薄的石刀片如果受力太大，刀刃就会崩裂，并会在伤口内留下碎屑。现代外科手术靠麻醉剂来减轻病人的疼痛，靠抗生素来预防感染。而从石器时代这些病人的生存率来看，史前人类较现代人在忍痛和抗菌方面的能力要强得多，感染的迹象极为少见。另外，人类学家还发现了原始人类用植物制成的止痛剂和各种草药，这些也有镇痛的效能。

在俄罗斯西瓦湖附近，人们掘出了一个距今4000年的女尸。她的头部有个约 0.6 厘米长的伤口。科学家们发现，伤口处塞入了一小块动物骨头，并已经和女尸的颅骨重新愈合在一块了。这表明，人类在4000年前，就已成功地施行过外科手术。

在另外发现的一个头颅上，科学家们发现它那更大的裂口，是古人施行开颅手术后留下来的。

到底4000年前医生是什么样的？他们是如何施行手术的？这正是现在人们要寻找的答案。

1921 年，科学家们在赞比亚发现了一个人类头颅，据考古学家们分析，它属于尼安德特人头颅，是生活于旧石器时代中期欧洲、北非及西非的一个族类，距今至少已有数万年了。奇怪的是这个头颅的左边有一个圆孔，科学家们经过长期的分析及考证后认定：这个圆孔是由高速冲击物所造成的。如果以现代人的科技而言，只有子弹才能造成这样的创伤。

头颅发掘的地点加深了这个谜的疑问，它是从离地面 18 米深的地下发掘出来的。这就是说，如果死者属于数个世纪以前的人，当时的枪械又是首次传入中非的话，它是不可能埋在这么深的地底下的。

前苏联时期，考古学家从地下挖出了一块已经绝种的古代欧洲野牛的骨头，它的头部也有类似弹孔的圆洞。这说明人类在几千万年前，就已经能够使用比石斧更为锐利的武器了。然而那到底是什么武器呢？却是个令科学家们伤脑筋的问题。

从这头野牛骨头的愈合面来看，它还带来另一个令人困惑的问题，即：它是在受伤多年后才死去的，这无形中间接说明了人类当时已经施行“外科手术”了。

1975 年，埃里希·邓尼肯拍摄了一部名为《关于未来的回忆》的纪录片，说在莫斯科古生物学博物馆里，一具数千年前的野牛头的眉间，有一个圆圆的小洞，其大小恰好能穿过一颗 9 毫米直径的子弹。这又是一个千古之谜，在旧石器时代，难道有谁在用卡宾枪猎杀野牛不成？

无论是这些人类头盖骨上显示的外科手术的痕迹，还是人类或动物骨骼上的神秘弹洞，都是困惑人们的谜题！

神秘的水晶头颅

1924 年，在中美洲的洪都拉斯境内崎岖蜿蜒的山道上，有几个人拖着疲惫的脚步顶着烈日吃力地往前走着。突然，其中的一个喊了起来："前面就是森林了！"顿时，其他的人高兴得跳了起来，赶紧加快了步子。经过几天几夜的爬山涉水、日晒雨淋，他们终于闯入了已经好多个世纪无人涉足的、世界上最大的原始森林地区。

他们中有一个是英国的探险家米切尔·海吉斯，其余都是跟随并帮助他进行探险的当地人。米切尔·海吉斯在牛津上大学期间，就渴望着有朝一日去世界各地进行探险。他一直相信，在哥伦布发现南美洲新大陆之前，中美洲那里曾经有过一个很发达的、叫做"阿特兰蒂斯"的古代文明社会，后来这个文明衰落了。现在，他根据自己的推测，试图在这个森林里找到有关这个文明的线索和遗迹。依照当地土著居民提供的线索，经过好几个月的仔细搜寻，有一天，他们偶然来到一个掩映在浓密树林中的有几个貌似土丘的地方，上面长满了野草藤蔓，在透过树林的阳光下，熠熠生辉。这会不会就是当地人所说的那座古城的遗址？他们赶紧跑到土丘顶上，拿出工具开始进行紧张的挖掘。没过多久，几个石阶显露出来了。几个小时以后，展现在他们面前的是一个有数百个台阶的石梯，一直通向下面的平地。见此情景，随同的一个当地向导对海吉斯说："我们终于找到它了。这就是你要找的那个鲁班埃顿古城遗址。"

使海吉斯惊奇不已的是，找到那座古城遗址后的第三年，在进一步发掘考察过程中，他的 15 岁的养女在设法搬掉压在已经倒塌的祭坛上的断墙石时，突然发现在祭坛下面的尘土中有一个熠熠发光的东西：那不是水晶头颅吗？三个月之后，人们又在离祭坛 7.6 米的地方找到了与之相配的颌骨。水晶头颅的发现，使鲁班埃顿这座古城遗址的一切都变得那么不可思议，它似乎守藏着一个近千年的秘密。海吉斯开始怀疑起来，这好像与"阿特兰蒂斯"文明的遗址不一样，会不会是历史记载上的玛雅文明的遗迹？这是一个非常精致洁净的水晶头颅，长约 18 厘米，宽高各约 13 厘米，重约 5 千克。在形状与构造上，与人的头颅几乎完全一样。奇特的是，头

颅本身没有什么色泽，但是它能放射出一种明亮无色的光，如同夜晚明月的光环一般。如果把它放在房间里，屋子的四周就会不时地发出声音，那声音不像是乐器发出的声音，而更像是从人的嗓子里发出的柔和的歌唱声，在它发出的声音中还伴随着一阵阵响亮悦耳的银铃声。

水晶头颅还具有给人的大脑中枢神经产生刺激的五种感觉：味觉、触觉、嗅觉、视觉和听觉。当人们看着头颅时，它的颜色和透明度会发生明显的变化，还会散发出一种香味。它能使观者听到声音，产生联想，使人感到口渴。凡是站在水晶头颅前静静沉思的人都会感觉到这些，同时身体以及脸部也会感到某种压力。如果一个感觉灵敏的人把手放在头颅附近，他就会感到一种特别的震颤和推力，而且手的冷热感觉如何取决于手在头颅上下左右的位置。

除了有节奏感的叮当声和人们发出的微微呼吸声外，屋子周围还会产生各种神秘的感觉和声音。夜里还会有奇怪的鹭鸶叫声和其他各种轻微的声音。一位研究过水晶头颅的多伦特博士说："头颅常常处在不断的运动状态之中，它的透明度、色彩总是在变化。头颅的前面部分有时会变得浑浊不清，就像软棉花糖一样，头颅的中间部分有时却变得十分透明清澈，在视觉上会产生有一个大洞的错觉。整个头颅从明亮的水晶颜色会变成一块块绿色、紫罗兰色、紫绿色、琥珀色、红色、蓝色等等。头颅还会对大多数观看者产生催眠作用。"更重要的一点是，由于水晶是折射性能极好的物质，物体形象通过水晶体会被散射或分解，而亮度和视觉却没有什么变化，这样，这个水晶头颅成了一个极好的占卜用的反射镜。显然，这个水晶头颅很可能是当地宗教的信物。

然而，移居到尤卡坦半岛的玛雅人却没能达到他们原先那样高度发展的科学、艺术、文化程度，而且首领与祭司的地位变为同样的重要。每一个城市都似一个独立的国家，彼此经常发生冲突。不久，他们为墨西哥城北部的一个好战的部落托尔泰克兹人所征服，而原始的托尔泰克兹部落也被玛雅文化所同化，在玛雅艺术家的帮助下，托尔泰克兹人和玛雅人又一同建起了新的城市。那么，水晶颅骨是玛雅人祖先的遗物，还是出自托尔泰克兹—尤卡坦玛雅人的遗物？人们还无法断定。

据考古学家发现，在尤卡坦玛雅人的古球场的东面墙边，立着这样一尊雕像：七个球员围着一只球，球上装饰着一个人的头颅；一个队员左手握着一把锋利的小刀，右手托着一个被割下的对方球员的头；无头的身躯躺在他的脚边，无头的脖子里爬着七条海蛇，它似乎象征着输球一方七个队员的死亡，因为在球上的那个头颅的颌骨两边，两条螺旋般的曲线正好拼出了一个玛雅文：死亡。这种球赛是不是一种用人作为祭祀的宗教仪式呢？而水晶颅骨又在那些古代宗教仪式中起着什么作用呢？上面的那些疑问至今还未找到确切的答案。

当然，水晶颅骨本身是能够向我们提供一些线索的。在古代人看来，水晶是一种非常神奇的东西，很像天国里冰冻的圣水，而天国被看做是一个光芒四射、闪闪发亮的海洋。早在4000年前，埃及人在死者成为木乃伊之前，就在他的前额上放上一块被称为“第三只眼睛”的水晶石，以便知道自己是否正在走向永恒。作为死亡象征的颅骨是古希腊文化和中世纪基督教的产物。此外，各地的原始文化中，都可以发现有头颅崇拜的痕迹或现象。头颅的保存与崇拜，是因为原始人相信，那是圣灵神奇的护符，充满着知识与智慧。在西班牙和葡萄牙人侵中美洲之前，头颅崇拜在当地土著人的生活中也起着很重要的作用。例如，阿兹台克人的日历中间的地方就画着一个头颅；在密克台克人的黄金饰物上也刻着一个头颅；今天在墨西哥，不仅在陶瓷物品、拱门建筑和各种手工艺品上，而且在小孩喜爱吃的糖果、圣餐上，都有着头颅那样的装饰。一位专家说，通过对水晶头颅的检测表明，这个水晶头颅的原胚很可能是用沙子和水并靠着极大的耐心磨制成的，表面的抛光很可能是涂硅砂与石英水晶微粒的合成剂的效果。

可以肯定，水晶头颅具有宗教习俗上的某种象征意义，但它究竟象征着什么，依然不太清楚。然而，人们仍然感兴趣的是，水晶头颅到底是谁人之遗物？它到底来自何方？有人说，极大可能是玛雅人的遗物。还有人说，这会不会是海吉斯所想找到的那个“亚特兰提斯”文明的遗物。说法各种各样，大多都是推测，究竟如何，至今仍无人知晓。

还有一颗水晶头颅陈列在大英博物馆里。从 1898 年水晶人头展出后，各国考古学家们纷至沓来，竞相考证，询问这件珍品的来历，但是，从资料介绍来看，真是令人失望得很，只有那几句简单说明词：“水晶人头，1898 年从美国纽约‘提法尼’珠宝店购进，估计是殖民时代拉丁美洲阿祖提人的杰作”。

此说明虽只是简单几句，却使多少科学家、考古学家踏平了去往“提法尼”珠宝店的路。然而，从店主人处也仅仅获悉如下信息：此水晶人头是 18 世纪末，由一个英国士兵卖给商店的，估计是英国殖民者从墨西哥

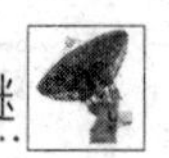

掠取的。于是乎，考古学家们不辞辛苦，又纷纷赶往墨西哥……就这样100年又过去了，多少考古学家的辛勤汗水洒在英伦三岛与通往墨西哥的征途上，但终未搞清这颗水晶人头的来历。

第三颗水晶人头要到法国巴黎人类博物馆去观看，那里可向你进行展示。在一个经常被众人围观的玻璃柜前，可以倾听到该馆人员的解说：这颗水晶人头经过科学鉴定，被认为是14世纪或15世纪的墨西哥印第安人——阿兹台克人制作的。从历史和宗教角度分析，估计它是阿兹台克人的一个祭司牧杖的装饰，从而证明中古时期阿兹台克人已懂得水晶的美丽和制作技术。表明他们很早就明白怎样冶炼铜，因在这颗水晶人头近处，发现很多精制的小型铜工具。看来水晶人头是阿兹台克人用铜制工具雕刻成的。在众多听众中只有英国几个考古学家对此解说表示难以理解，因为拉丁美洲的印第安人，于20世纪40年代还在密林中过着原始生活，怎能令人置信墨西哥的印第安人能在14世纪和15世纪冶炼出铜并制出铜具，而又掌握如此高超的雕刻技艺。可见法国对第三颗水晶人头的解说若要服众，尚待更科学的见证。

综合上述，三颗水晶人头，究竟为何人何时所制，制其何用？还是只是为了一种装饰？曾传说拉丁美洲古代部落在特别礼仪时使用完整的人头作装饰。又传说祭祀时为镇住妖魔鬼怪而制作水晶人头。传说种种，考古学家对此均无一致意见，因此三颗水晶人头的奇案，直到目前仍为世界考古界之谜。

5万年前的人造心脏

众所周知，人造心脏是近些年才制造成功的。可令人惊奇的是，一具最近被发掘出来的史前穴居人尸骸，竟然在他的胸膛内，发现移植了一颗构造精密、由多件金属配件组合而成的人造心脏。

这具史前穴居人的尸骸，是一个考古队在非洲突尼斯北部一处偏僻森林内进行研究工作时偶然发现的。根据碳14测定，证明这位穴居人死了至少在50 000年以上。

考古队长梅沙·夏维博士说："那尸体早已腐化，但他体内的人造心脏仍然十分完好，看来稍加修理便可再次使用。我们深信这确是一具来自50 000年前的人造心脏。如果上个月有人对我说这么一件事，我准会大声嘲笑他，并指责为无稽之谈，可事实就摆在眼前。制造心脏的人，绝对不可能是穴居人，也不会来自我们这个星球。”

一位研究古代 UFO 的美国专家奇顿·兰拿说：“我们曾经追溯到古埃及人是首批与外星人接触的地球人，但现在很明显地就可以证明，早在地球有人类踪影的时候，便已经有外来的高智慧生物存在。那具从穴居人身上找到的心脏，虽然十分简单，但却有金属管道和一个类似泵的东西，看起来跟我们今天的人造心脏差不多。这说明某种高智慧生物早在50 000年前便已来到地球，并给这个人进行了这样的心脏移植手术。或许这个穴居人并非真的有心脏病，只是被他们当做实验的白老鼠而已。”

另一位考古学家雷福·柏斯提出了另外一种看法：“这可能是人类进化过程中失去的某一个重要阶段。它可能十分文明，但在核灾难中毁灭了，很长时间后才重新开始。这具人造心脏极可能是由旧世界一位侥幸生还的科学家将它移植到一个穴居人身上，作为给后人的一种启示。”

这具史前人造心脏已送往西班牙马拉加市，供来自世界各地的科学家、历史学家和 UFO 专家研究。但在目前，考古人员仍在该处继续挖掘，希望能有更惊人的发现。

6000 年前的南极地图

遥远的南极洲，终年风雪咆哮、天寒地冻，是地球上大洲中惟一无人定居的地方。可是，早在6000多年前，就有人绘出了与现代地图相差无几的极其精确的南极洲地图。这是怎么回事呢？

事情还得从 18 世纪初叶说起。一天，在土耳其伊斯坦布尔的托普卡比宫，国家博物馆的马里尔·埃德亨先生正在清理一大堆先人留下的文物，赫然发现几张彩绘鹿皮地图。埃德亨先生还是第一次看见这种奇特的地图。他再仔细定睛一看，地图的绘制者是 200 年前土耳其奥斯曼帝国的海军舰队司令——比瑞·雷斯。地图标明绘于 1513 年，在地图一角的附记里，比瑞·雷斯这样写道：“为绘制这幅地图，我参照了 20 幅古地图，其中的 8 幅绘于亚历山大大帝时期。”

亚历山大大帝时期距比瑞·雷斯的时代有1800多年，距今有2000多年。在2000多年前绘制这样复杂的地图是什么目的呢？这些地图描绘的方位在哪里呢？懵懵懂懂的比瑞·雷斯不禁喃喃自问。

一晃 200 多年过去了。到了 20 世纪 40 年代，这几幅地图被辗转到美

国地图学家、联邦海军水道测量局局长俄林敦·H·麦勒瑞手里。独具慧眼的麦勒瑞很快便被古地图所描绘的大体轮廓吸引住了。他马上找人来绘了一幅南极洲地图。两相比较之后，不禁瞠目结舌：这些地图中的一幅所描绘的不正是南极洲地图吗？可是，16世纪的人们并不知道南极洲呀，更不用说2200多年前的马其顿人了……

麦勒瑞先生深深懂得，位于地球最南端，被太平洋和大西洋包围的南极洲，终年冰天雪地，狂风肆虐。18世纪以前，人们从未到过南极洲，甚至不知道它的存在。直到1738—1739年，法国航海家布韦才发现了南极圈东边的一个岛，即今天的布韦岛。到了1820—1821年，美国的帕尔默、沙俄的别林斯高和高扎列夫、英国的布兰斯·菲尔德等一举登上南极大陆，人类才真正发现了南极洲。

麦瑞勒先生于是带上地图，与美国海军水文局制图员俄勒特尔斯共同研究。结果发现：古地图居然精确地描绘出了从威德尔海到毛德皇后地的南极大陆海岸线！这又是怎么回事呢？麦勒瑞与俄勒特尔斯惊疑不定。

后来，古地图在时间的长河中历尽漂泊。1957年，终于落在权威的美国海军制图专家、休斯敦天文台主任马拉里手里。在海军水图学院的同僚们的大力协助下，马拉里发现了古地图上更令人吃惊的地方。

首先，南极冰的平均厚度达1 880米，最厚处达4 500多米。直到1952年，人们用地震波才探测出冰层下面埋藏着高大的山脉。可是，古地图却精确地描绘出只有现代人才能够描绘出的南极洲山脉，并准确地标出它们的高度——与现代地图上的南极洲山脉高度完全相同。

其次，有一幅被命名为《译诺地图》的古地图，上面明明标着“1380年”的字样。但是，地图上的挪威、瑞典、丹麦、德国、苏格兰等国家和地区的轮廓及它们所在的经纬度位置，却与现代科学条件下绘制的地图不差分毫！除此之外，这幅古图上还绘制着现在并不存在的岛屿。例如将格陵兰岛绘成两个岛屿——这虽然不符合现代地图的描绘，但据1947—1949年的科学考察，却正好反映了古代格陵兰岛的布局。

最后，有两块鹿皮地图的残片上分别写着“回历919年”、“回历934年”的字样。它们上面的残图与其他几幅古图上显示的世界各地轮廓、陆地和海岸线都呈歪斜状——与第二次世界大战中美国空军采用正距方位作图法绘制的军用地图相似。难道这是从天空中往下航拍出来后绘制而成的？但是，在古代，甚至在1513年比瑞·雷斯所处的时代，航拍地球纯属无稽之谈。

根据现代地球物理学的研究，6000多年前，今天的“冰雪大陆”——南极洲正值温带气候。许多连绵起伏的山脉并没有被冰封雪盖。于是，人们确信，古地图不容置疑是在6000多年前绘制的。不然为什么描绘出了6000多年前的南极洲面貌呢？

可是，6000多年前，地球人又是凭借什么先进工具绘制成如此精致的地图呢？带着一个个疑问，人们将视线转移到地球以外的茫茫宇宙，向遥远的星空发出询问。

另一个线索是：20世纪80年代，美国地理学家吉·维豪普特在研究一张由法国数学家、地图学家阿朗斯·凡1531年所画的一张世界地图时，同样发现了一个重要的、令人不可思议的情况。在这张400多年前所画的地图上，南极大陆的轮廓与我们当今所熟知的竟相差无几。维豪普特感到不解：南极大陆最早是俄国航海家于1820年发现的，而对它的详细描绘和研究，是近代才开始的，16世纪的人何以知道南极大陆的情况而且如此翔实精密呢？

维豪普特尤其不可理解的是，在这张地图上竟然没有现在的罗斯陆缘冰。这块大冰覆盖了半个罗斯海，有些地方厚达700米，该大冰在1531年时早就应形成了——因为要冻成这么一大块冰，至少要经过1 000—5 000年时间，换句话说，如果阿朗斯·凡在画南极地图时还没有这块冰的话，那么今天也不可能有，或者规模要小得多。但是这块巨大的罗斯陆缘冰现在明明白白是存在的，因此只能得出两点结论：一种可能是，这张地图上的南极洲只是凭想象画出来的；另一种可能是依据某些从古代流传下来的，我们现在还不知道的资料或图样画出来的。不过这就更让人费解：在那遥远的时代，是什么人、又是通过什么方式航行到南极，而且测绘出如此准确的地图的呢？

由于难以理解，让我们沿着前面的思路，继续把疑问放在“航拍”的可能性上吧。

在《众神之车》一书里，瑞士学者厄里希·丰·丹尼肯推测：大约6000多年前，有一批天外来客造访地球，这几幅古老的南极洲地图便是这次造访的结果。以后，世人据此多次临摹、复传，古地图方能流传至今。人们能认同这种推测吗？

正因如此，在《古代海上霸王们的地图——冰川期高度文明的遗迹》一书中，美国新罕布什尔州立凯恩大学的科学史专家、地球运行学权威查尔土·H·哈布古特教授将古地图之谜列为世界最为重大的文化奇谜之一。